教书育人的良师　莘莘学子的益友

益智娱乐的园地　驾驭成语的高手

玩学教育的宝典　成才成功的秘籍

一书在手　玩转成语　智珠在握　得心应手

成语趣味游戏宝典

万日忠　万新 ◎编著

（上册）

金盾出版社

内容提要

作者利用多年时间，收集成语5200多个，按现代教育科学的学习方法，寓教于乐，拟为春夏秋冬4篇2册，上册为春夏篇，下册为秋冬篇。全书12章、365题，即1日1题。这些题目有猜谜、竞赛、探究、改错、选择、填空、判断、问答、鉴别等类型，溶知识性、趣味性于一体。即可用于大中小学校教学，也可用于同学、朋友、家庭等普通人游戏，更可用于个人学习、开发智力，可谓学习掌握成语的真正宝典。

图书在版编目（CIP）数据

成语趣味游戏宝典/万日忠，万新编著 .-- 北京：金盾出版社，2013.3

ISBN 978-7-5082-7844-5

Ⅰ.①趣…　Ⅱ.①万…②万…　Ⅲ.①汉语—成语—青年读物—②汉语—成语—少年读物　Ⅳ.①H136.3—49

中国版本图书馆CIP数据核字（2012）第193036号

金盾出版社出版、总发行

北京太平路5号（地铁万寿路站往南）

邮政编码：100036　　电话：68214039 83219215

传真：68276683　网址：www.jdcbs.cn

封面印刷：北京印刷一厂

印刷装订：双峰印刷装订有限公司

各地新华书店经销

开本：880×1230 1/32　　印张：7.5 字数：220千字

2013年3月第1版第1次印刷

印数：1-6 000 册

定价：全套34.00元　上册17.00元

前言 Preface

　　成语是中国浩瀚词语海洋中最璀璨夺目的瑰宝。语言大师王力说："汉语的历史悠久，成语十分丰富。在语言表达中恰当地运用成语可以使语言精练，形象生动，还可以充实丰富口语词汇"。成语蕴含着丰富的政治、哲学、科技、军事、外交、艺术、民俗等文化思想，学好成语既能拥有丰富的词语，又可掌握各类知识。正确地运用好成语"使文字分外精神"（鲁迅语），可以获得简洁明快、生动有趣、画龙点睛、意味隽永的效果。

　　教育家历来重视游戏的作用，主张"寓教于乐"。夸美纽斯说："游戏是发展多种才能的智力活动"；"游戏是学习，游戏是劳动，游戏是重要的教育方式"。以成语知识为素材而创制的游戏叫做成语游戏，以成语游戏为主题方式的教学法叫成语游戏教学法。成语游戏是一项益智娱情、智趣隽永、愉快健脑的大众文化娱乐活动。本着为广大师生和普通群众学习掌握成语，学中有乐，乐中有学的原则，《成语趣味游戏宝典》始创了旅游日历编年体的写作新法，即一日一题，一题一答，纵行时序，横贯题海，合纵连横，带您进入成语教与学的新境界，创造一个在游戏中增长才智、开阔视野的新平台。

　　本书融合当下流行的"淘宝体"幽默活泼语言风格，游戏题目新颖独特、构思巧妙、智趣隽永、图文并茂；改错题、猜谜题、填空题、判断题、选择题、问答题、图画题、注释题、分析题、应用题等应有尽有；庆典题、综合题、学科题、创新题、益智题、趣味题、竞赛题、排序题、探究题、论述题穿插其中，全方位、多角度培养读者活学活用成语的能力。可以说，本书是为你精心打包、量身定做的1桌成语盛宴，4大季节特色鲜明的风味系列酒席，12大套精美的知识营养套餐，365道成语趣味游戏佳肴，5270余款智慧成语开心果小吃点心。他熔益智娱乐性、趣味知识性、创新实用性于一炉，无论是用来专门教学训练，还是休闲娱乐，都会让您的思维更敏锐，大脑更活跃，学识更渊博。愿本书这种寓教于乐、寓学于乐、寓知于乐的方式受到您的欢迎，成为教师教书育人的得力助手，莘莘学子的良师益友，普通读者的枕边案头读物，机关团体智力游戏的题库帮手。

　　本书知识成系统、成体系，前后贯通，互相连接，但考虑内容较多，为便于读者使用，故分成上下两册，上册为春、夏两篇，下册为秋、冬两篇。为研究说明问题，本书引用了部分有启迪作用的网络研究图片，特致谢意，因该百度图片无作者姓名，无法联系，稿酬相关事宜可与作者联系，按规定执行。本书若有疏漏和不妥之处，恭请读者赐教。

作者：万日忠　万新

目录

第一篇　成语趣味游戏宝典（春卷）

一月　成语游戏人生，从今天开始！

1月1日	1. 成语接龙"元""旦"快乐起航	3
1月2日	2. 趣填成语接龙"元""旦""乐"	4
1月3日	3. "日""月"合璧成语圈填字游戏	4
1月4日	4. 读《三国演义》故事猜成语	5
1月5日	5. 填方位词趣组成语（一）	6
1月6日	6. 寻对手填反义词成语（一）	7
1月7日	7. 按要求克隆成语	8
1月8日	8. 马到成功趣填"马"字成语（一）	9
1月9日	9. 趣填数字成语	10
1月10日	10. 找朋友趣填同义词成语（一）	11
1月11日	11. 横竖自在趣填"鼠"字成语	13
1月12日	12. 成语碰碰车俱乐部（一）.	13
1月13日	13. 扬虎威克隆"虎"字成语（一）	15
1月14日	14. 填字组"千□万□"成语	16
1月15日	15. 成语与人名（一）	17
1月16日	16. 金鸡独立趣填"鸡"字成语.	18
1月17日	17. 马到成功趣填"马"字成语（二）	19
1月18日	18. "＋－×÷"法成语算式	19
1月19日	19. "一"字成语克隆室	22
1月20日	20. 成语接龙我最棒	23
1月21日	21. 成语错别字美容矫治中心（一）	24
1月22日	22. 蜗牛屋里趣填成语	26
1月23日	23. 龙的传人趣填"龙"字成语（一）	26
1月24日	24. 成语句式填空谜	27
1月25日	25. 填字组成语	28
1月26日	26. 畅游成语动物乐园	30
1月27日	27. 填字组大"吉"字成语	31
1月28日	28. 叠字成语超市（一）	32

1月29日　29. 纠正错别字概括成语 ·················· 34
1月30日　30. "之"字成语旗舰店（一）·············· 34
1月31日　31. 趣填十二生肖大聚会成语（一）········· 36

二月　成语游戏人生，从今天开始！

2月1日　32. 洋洋得意趣填"羊年吉祥"成语 ········· 37
2月2日　33. 找朋友填充同义字组成语 ············· 38
2月3日　34. 网络语言"虫语"中的成语 ·············· 39
2月4日　35. 读诗词，猜成语 ·················· 41
2月5日　36. "我"的地盘"我"做主 ·············· 45
2月6日　37. 巧填数字算式组成语 ·············· 49
2月7日　38. "天"字成语"天""天"见 ············ 49
2月8日　39. 填"然"字成语知其所以"然" ·········· 50
2月9日　40. 根据文字位置猜成语谜 ············ 53
2月10日　41. 摆长蛇阵趣填"蛇"字语词 ·········· 53
2月11日　42. 最牛人趣填"牛"字成语群 ·········· 54
2月12日　43. 咏兔诗与成语典故 ············· 55
2月13日　44. 扬虎威克隆"虎"字成语（二）········· 56
2月14日　45. 玉"兔"吉祥填成语 ·············· 57
2月15日　46. 围棋成语谜 ················· 58
2月16日　47. 植物成语王国（一）·············· 59
2月17日　48. 趣组十二生肖接龙成语（一）········· 61
2月18日　49. 趣填二十四节气名组成语 ·········· 61
2月19日　50. 超级模仿秀克隆语句 ············ 63
2月20日　51. 龙的传人趣填"龙"字成语（二）······· 63
2月21日　52. 改错字填成语 ··············· 64
2月22日　53. "龙凤"呈祥趣填成语 . ·········· 67
2月23日　54. 联珠成语串串通 ·············· 68
2月24日　55. 趣猜面异目多的辐射谜 ·········· 69
2月25日　56. 根据古诗词名句提炼成语 ········· 69
2月26日　57. 成语排序题 ················· 71
2月27日　58. 填反义语素组成语 ············· 72
2月28日　59. 成语错别字美容矫治中心（二）······· 73
2月29日　59.（闰年题）猜字谜组 4 字成语 ······· 74

三月　成语游戏人生，从今天开始！

3月1日　60. 叠字成语超市（二）·············· 75
3月2日　61. 植物成语王国（二）·············· 77

3月3日　62."龙"吟"虎"啸趣填成语 ·············· 79
3月4日　63.成语填空趣组古典名籍 ·············· 80
3月5日　64.根据成语猜字谜 ·············· 81
3月6日　65.趣填《红楼梦》故事名称组成语 ·············· 82
3月7日　66.成语趣味主角连连看（一）·············· 83
3月8日　67.成语词类词义活用 ·············· 84
3月9日　68."一字千金"回宫成语接龙 . ·············· 85
3月10日　69.成语中的"动物世界"（一）·············· 86
3月11日　70.同位同义词成语乐悠悠（一）·············· 87
3月12日　71.填补回宫龙成语连连转 ·············· 87
3月13日　72.吉尼斯"成语之最"（一）·············· 88
3月14日　73.火眼金睛纠正成语错别字 ·············· 90
3月15日　74.古诗成语谜 ·············· 91
3月16日　75.根据数字猜成语谜 ·············· 92
3月17日　76."春风化雨"趣填成语 ·············· 94
3月18日　77.填反义词组熟语 ·············· 95
3月19日　78.我问您答齐互动 ·············· 95
3月20日　79.填补谚语成语 ·············· 96
3月21日　80.成语典故碰碰车乐园 ·············· 98
3月22日　81.填"千□万□"成语 ·············· 99
3月23日　82.成语谜语猜猜猜 ·············· 100
3月24日　83.智闯成语迷宫 ·············· 101
3月25日　84.趣填反义字组成语 ·············· 102
3月26日　85.人体器官部位成语健身会馆（一）·············· 103
3月27日　86.《登鹳雀楼》与成语接龙游戏 ·············· 104
3月28日　87.巧移火柴棒，成语变英语 ·············· 104
3月29日　88.巧填成语更正错误影片名 ·············· 106
3月30日　89.趣味动物成语连环（一）·············· 107
3月31日　90.猜钟表谜及成语谜 ·············· 108

第二篇　成语趣味游戏宝典（夏卷）

四月　成语游戏人生，从今天开始！

4月1日　91.趣组数字成语 ·············· 111
4月2日　92.填成语赢取"100分" ·············· 112
4月3日　93.成语主角是谁？ ·············· 113
4月4日　94.看数字，猜成语 ·············· 114
4月5日　95.组拼属相成语 ·············· 114

4 月 6 日　　96. 成语谜猜猜猜 ·················· 115
4 月 7 日　　97.10 字成语脑力闯关 ing ·················· 116
4 月 8 日　　98. 成语与人名（二） ·················· 117
4 月 9 日　　99. 快问快答辨析成语词义 ·················· 119
4 月 10 日　　100. 趣填成语接龙我最棒 ·················· 120
4 月 11 日　　101. 填成语组宋词猜人名 ·················· 121
4 月 12 日　　102. 趣填"一（？）千金"成语 ·················· 121
4 月 13 日　　103 . 根据文字位置猜成语 ·················· 122
4 月 14 日　　104. 成语首字名言警句接龙 ·················· 123
4 月 15 日　　105. 巧分图形"开门见山" ·················· 124
4 月 16 日　　106. 趣组十二生肖接龙成语（二） ·················· 125
4 月 17 日　　107. 魔法士玩颠覆变成语 ·················· 125
4 月 18 日　　108. 填补 2 ～ 14 字格梯形成语 ·················· 127
4 月 19 日　　109. 成语非常"6 + 1" ·················· 128
4 月 20 日　　110. 成语对联填空 ·················· 130
4 月 21 日　　111. 找朋友趣填同义词成语（二）. ·················· 132
4 月 22 日　　112. 填补"一日之计在于晨"成语 ·················· 133
4 月 23 日　　113. 拼音字母谜猜猜猜 ·················· 134
4 月 24 日　　114. 巧走方格成语接龙 ·················· 135
4 月 25 日　　115. 辨析成语释义 ·················· 136
4 月 26 日　　116. 根据两个字猜成语谜 ·················· 136
4 月 27 日　　117. 巧分成语大蛋糕 ·················· 137
4 月 28 日　　118. 吉尼斯"成语之最"（二） ·················· 138
4 月 29 日　　119. 走方格成语接龙 ·················· 142
4 月 30 日　　120. 趣填成语完"四美"（一） ·················· 142

五月　成语游戏人生，从今天开始！

5 月 1 日　　121. 庆"五一"填成语——劳动最光荣 ·················· 144
5 月 2 日　　122. 填成语，玩红"5" ·················· 145
5 月 3 日　　123. 阿凡达智闯"十字架成语星球" ·················· 146
5 月 4 日　　124. 填字组地名成语 ·················· 147
5 月 5 日　　125. 填反义字组成语 ·················· 147
5 月 6 日　　126. 寻对手趣填反义词成语（二） ·················· 148
5 月 7 日　　127. 叠字成语超市（三） ·················· 149
5 月 8 日　　128. 填字组成语连句子 ·················· 151
5 月 9 日　　129.6 字成语脑力闯关 ·················· 153
5 月 10 日　　130. 读成语，思古人（一） ·················· 154
5 月 11 日　　131. 算式谜猜猜猜 ·················· 155

5月12日　132. 嘻哈幽默笑话聊天室 ……………………… 156
5月13日　133. 趣填成语组地名成语（一） ……………… 157
5月14日　134. 孙悟空火眼金睛趣找错别字 …………… 158
5月15日　135. "三国"人物成语知多少？ ……………… 159
5月16日　136. 人体器官部位成语健身会馆（二） …… 160
5月17日　137. 填字组地名成语 …………………………… 161
5月18日　138. 读成语，思古人（二） ………………… 162
5月19日　139. 解析成语并释义 ………………………… 163
5月20日　140. 看结构，定类型 ………………………… 164
5月21日　141. 阿凡提脑筋急转弯智慧选择题 ………… 164
5月22日　142. "语言美"、"心灵美"盘龙成语 ……… 168
5月23日　143. 手机品牌称谓成语展示平台 …………… 169
5月24日　144. 熊猫大侠读唐诗趣觅成语 …………… 171
5月25日　145. "先□后□"句式成语 ………………… 175
5月26日　146. 益智趣味抢答选择题（一） …………… 175
5月27日　147. 趣填 7 字成语 …………………………… 178
5月28日　148. 成语碰碰车俱乐部（二） …………… 178
5月29日　149. 成语词语应用及矫正 ………………… 179
5月30日　150. 您会填"愚公移山"成语吗？ ……… 181
5月31日　151. 观字形　猜成语 ……………………… 182

六月　成语游戏人生，从今天开始！

6月1日　152. "6·1"填字趣组成语 …………… 184
6月2日　153. 英语成语吧（一） …………………… 185
6月3日　154. 您从哪里来？我的成语 …………… 187
6月4日　155. 颜色成语填字谜 ………………… 188
6月5日　156. "金"字 10 词回宫接龙成语游戏 …… 190
6月6日　157. 填字补成语组地名 …………………… 191
6月7日　158. 趣填字，列算式，组成语 ………… 192
6月8日　159. 趣味选择成语主角各就各位 …… 193
6月9日　160. 成语中的"吉尼斯纪录" …………… 194
6月10日　161. 凭"心"、"情"来趣填成语 …… 197
6月11日　162. 按要求克隆成语 ……………… 198
6月12日　163. 成语哑谜（一） ……………… 199
6月13日　164. 从古诗词中寻觅成语 …………… 200
6月14日　165. 广告词语中的另类"成语活用" ……… 204
6月15日　166. 寻对手趣填反义词成语（三） ……… 208
6月16日　167.《西游记》四人物形象 ……………… 209

6月17日　168. 成语字谜猜猜猜 …………………………… 210
6月18日　169. 趣填成语组汽车品牌名（一）………… 211
6月19日　170. 组拼成语［有心人］ ………………………… 212
6月20日　171. AABC 式及 ABCC 式叠字成语填空谜 …… 213
6月21日　172. 成语谚语哥俩好 ………………………… 214
6月22日　173. 填"□□如×"句式成语 ………………… 216
6月23日　174. 趣填成语"＋－×÷"算式 ………… 217
6月24日　175. 趣填成语组地名成语（二）………… 219
6月25日　176. 拼字组成语 …………………………… 220
6月26日　177. 智填趣味"不"字成语（一）………… 221
6月27日　178. "不"字成语圆桌会议 ………………… 222
6月28日　179. 成语趣味课程表 ………………………… 223
6月29日　180. 趣玩火柴棒，4"王"变成语 ………… 225
6月30日　181. 象棋成语谜（一）…………………… 226

第一篇　成语趣味游戏宝典
（春卷）

☺☺☺ 一月 ▶ ▶ ▶

成语游戏人生，从今天开始！☞☞☞

📖📖📖 1月1日 ☞☞☞

📖 1 ☺☺☺ 成语接龙"元""旦"快乐起航 ☺☺☺.

一年一度，周而复始，万象更新。欢迎您莅临成语口岸，请在下面空格里填入适当的字，组成以"元"字为龙头、"旦"字为龙尾的13条首尾相连的4字成语接龙，以此来共同庆祝"元旦"，启动我们的成语趣味游戏之旅啦——请快快上船吧！成语游戏快乐开运诺亚方舟酷游在成语海洋中……"风正一帆悬"，"航行靠舵手"，请撑起成语的风帆，掌控游戏的舵轮，乘载知识的游艇，随我一起快乐出发欣赏沿途的旖旎风光，激情冲浪成语的题海，您一定会收获到无穷无尽的精彩和快乐的……

元□□□，□□□□，□□□□，□□□□，
□□□□，□□□□，□□□□，□□□□，□□□□，
□□□□，□□□□，□□□旦。

♥♥♥ 答案链接 ♥♥♥→▶

元元本本，本来面目，目中无人，人定胜天，天作之合，合二为一，一鼓作气，气吞山河，河梁携手，手足之情，情景交融，融会贯通，通宵达旦。

1月2日

2 ☺☺☺ 趣填成语接龙"元""旦""乐"☺☺☺.

请您在下面图中的空方格内填入适当的字，使它成为以"元"字为龙首、以"旦"字为龙腰、以"乐"字为龙尾的4条首尾相连的4字成语接龙，且每一条成语的末字即是毗邻的下一条成语的首字。(温馨提示：个别成语可采取"谐音法"填注，音调不限。)

元						(旦)						乐
	普	天	同	庆	元	旦	快	乐				

♥♥♥ 答案链接 ♥♥♥→▶

元	龙	高	卧	卧	薪	尝	胆	(旦)	胆	大	妄	为	为	善	最	乐
					普	天	同	庆	元	旦	快	乐				

1月3日

3 ☺☺☺ "日""月"合璧成语圈填字游戏 ☺☺☺.

请您在下图空方格中填上适当的字，使每一行横向读分别与"日"、"月"字组成为16条4字成语，以打造"日""月"合璧成语圈。

```
日□□□□□□月
□日□□□□月□
□□日□□月□□
□□□日月□□□
□□□月日□□□
□□月□□日□□
□月□□□□日□
月□□□□□□日
```

♥♥♥ 答案链接 ♥♥♥➔▶

日就月将烘云托月

一日万几日新月异

风和日丽日月交食

白虹贯日月下老人

今月古月日理万机

日升月恒如日方升

日月合璧天长日久

月晕而风日复一日

1月4日

4 ☺☺☺ 读《三国演义》故事猜成语 ☺☺☺.

请您读一读下列《三国演义》的故事，并分别根据这些故事各猜射相关的成语。

1. 周瑜打黄盖；2. 刘备遇孔明；3. 徐庶进曹营；4. 刘备隆中请卧龙先生诸葛亮；5. 赵子龙大战长坂坡；6. 庞统做知县；7. 关公失荆州；8. 隆中对；9. 三顾茅庐；10. 武侯诸葛亮北伐讨魏再上书刘禅《后出师表》以明志；11. 用奇谋孔明草船借箭；12. 七星坛诸葛祭风，三江口周瑜纵火；13. 许褚裸衣斗马超；14. 诸葛亮走出南阳茅庐；15. 烧藤甲七擒孟获；16. 黄忠好箭法；17. 关公走麦城；18. 汉寿侯五关斩六将，美髯公千里走单骑；19. 兄曹丕逼弟曹植七步赋诗；20. 美髯公千里走单骑；21. 张翼德义释严颜；22. 诸葛亮当军师；23. 吕布遇貂蝉；24. 孔明弹琴退仲达；25. 关云长刮骨疗毒；26. 诸葛亮吊孝；27. 鲁肃服孔明；28. 后主刘禅降魏；29. 司马懿破八卦阵；30. 司马昭摄政专权。

♥♥♥ 答案链接 ♥♥♥→▶

1．两相情愿；2．如鱼得水；3．一言不发；4．三顾茅庐；5．浑身是胆；6．大材小用；7．骄兵必败；8．不出所料，鼎足之势；9．无孔不入；10．鞠躬尽瘁，死而后已；11．坐享其成，满载而归；12．万事俱备，只欠东风（火烧赤壁）；13．赤膊上阵，赤体上阵；14．初出茅庐；15．七擒七纵；16．百步穿杨，百发百中；17．最后一招，大难临头；18．过五关，斩六将；19．七步之才，步步为营；20．单刀赴会；21．粗中有细；22．名副其实；23．一见钟情；24．临危不乱；25．若无其事；26．装模作样；27．五体投地；28．不知羞耻；29．不懂装懂。30．司马昭之心，路人皆知。

📖📖📖 1月5日 🖋🖋🖋

5 ☺☺☺ 填方位词趣组成语（一）☺☺☺

请在下列空方格内填入恰当的方位词，使之组成20条含有方位词的4字成语。

1．□山再起；2．□风落叶；3．□柯一梦；4．声□击□；
5．走□闯□；6．□征□战；7．□窗剪烛；8．□门锁阳；
9．□□交困；10．敲□击□；11．□辕□辙；12．□强□干；
13．承□启□；14．通□国；15．终□捷径；16．□流砥柱；
17．□金□箭；18．秀□慧□；19．外□内□；20．□雨□风。

♥♥♥ 答案链接 ♥♥♥→▶

1．东山再起；2．西风落叶；3．南柯一梦；4．声东击西；
5．走南闯北；6．南征北战；7．西窗剪烛；8．北门锁阳；
9．内外交困；10．旁敲侧击；11．南辕北辙；12．外强中干；

13. 承<u>上</u>启<u>下</u>；14. <u>里</u>通<u>外</u>国；15. 终南捷径；16. <u>中</u>流砥柱；
17. <u>南</u>金<u>东</u>箭；18. 秀<u>外</u>慧<u>中</u>；19. <u>外</u>愚<u>内</u>智；20. <u>上</u>雨<u>旁</u>风。

📖📖📖 1月6日 ☞☞☞

6 ☺☺☺ 寻对手趣填反义词成语（一）☺☺☺.

请您在括号里写出与下列成语意思相反或相对的4字成语。

1. 精益求精（　）；		2. 有条不紊（　）；
3. 名列前茅（　）；		4. 无懈可击（　）；
5. 阳春白雪（　）；		6. 遗臭万年（　）；
7. 高瞻远瞩（　）；		8. 笑逐颜开（　）；
9. 畅所欲言（　）；		10. 神采奕奕（　）；
11. 一步登天（　）；		12. 救死扶伤（　）；
13. 从容不迫（　）；		14. 口是心非（　）；
15. 背道而驰（　）；		16. 名存实亡（　）；
17. 千变万化（　）；		18. 口若悬河（　）；
19. 固若金汤（　）；		20. 天衣无缝（　）；
21. 张口结舌（　）；		22. 理直气壮（　）；
23. 无独有偶（　）；		24. 居心叵测（　）；
25. 不甘示弱（　）；		26. 名副其实（　）；
27. 蒸蒸日上（　）；		28. 恩将仇报（　）；
29. 剑拔弩张（　）；		30. 风驰电掣（　）；
31. 门可罗雀（　）；		32. 貌合神离（　）；
33. 一唱一和（　）；		34. 胸有成竹（　）；
35. 民强国富（　）；		36. 戛然而止（　）；
37. 事半功倍（　）；		38. 奄奄一息（　）；
39. 直截了当（　）；		40. 骄傲自满（　）。

♥♥♥ 答案链接 ♥♥♥➔▶

1. 粗制滥造;	2. 杂乱无章;	3. 名落孙山;	4. 漏洞百出;
5. 下里巴人;	6. 流芳百世;	7. 鼠目寸光;	8. 愁眉不展;
9. 吞吞吐吐;	10. 无精打采;	11. 一落万丈;	12. 落井下石;
13. 惊慌失措;	14. 表里如一;	15. 并驾齐驱;	16. 名不虚传;
17. 一成不变;	18. 噤若寒蝉;	19. 一触即发;	20. 破绽百出;
21. 口若悬河;	22. 理屈词穷;	23. 独一无二;	24. 襟怀坦白;
25. 甘拜下风;	26. 名不副实;	27. 江河日下;	28. 以德报怨;
29. 销兵洗甲;	30. 蜗行牛步;	31. 门庭若市;	32. 和衷共济;
33. 各自为政;	34. 毫无头绪;	35. 民穷财尽;	36. 一如既往;
37. 事倍功半;	38. 生机勃勃;	39. 拐弯抹角;	40. 谦虚谨慎。

📖📖📖 1月7日 ☞☞☞☞

📖 ⑦ ☺☺☺ 按要求克隆成语 ☺☺☺.

请您分别写出带有下列每组中特定字的4字成语各7条。

1. 天; 2. 三; 3. 小; 4. 手; 5. 事; 6. 之; 7. 明; 8. 力;
9. 刀; 10. 坐。

♥♥♥ 答案链接 ♥♥♥➔▶

1. 天——听天由命, 人定胜天; 天南海北; 天涯海角; 别有天地; 不共戴天, 天崩地裂。

2. 三——三阳开泰, 三心二意; 五大三粗; 三三两两; 一日三秋; 三长两短, 举一反三。

3. 小——小巧玲珑, 谨小慎微; 小试锋芒; 大醇小疵; 小题大做; 小家碧玉; 贪小失大。

4. 手——赤手空拳, 不择手段; 手眼通天; 一手包办; 手舞足蹈;

心灵手巧；得心应手。

5. 事——事倍功半，事不关己；事不师古；事以密成；实事求是；事无常师；事与愿违。

6. 之——漠然置之，竹马之交；之乎者也；处之泰然；君子之交；听之任之，取而代之。

7. 明——明哲保身，明眸皓齿；聪明睿智；明镜高悬；弃暗投明；自知之明，明见万里。

8. 力——全力以赴，同心协力；通力合作；力争上游，力挽狂澜；力排众议；一臂之力。

9. 刀——笑里藏刀，两面三刀；横刀立马；牛刀割鸡；一刀两断，刀山剑树；刀山火海。

10. 坐——坐井观天，坐吃山空；坐筹帷幄；坐无车公；座无虚席；坐卧不安，坐享其成。

📖📖📖 1月8日 ☞☞☞

📖 ☺☺☺ 马到成功趣填"马"字成语（一）☺☺☺.

一马当先，马到成功。请您在下图空格里填入恰当的字，使之上下相连、左右贯通，或横向读或竖向读都可以分别组成为20条包含有"马"字的4字成语。

				马	马		
				马	马		

♥♥♥ 答案链接 ♥♥♥ →▶

点	铁	成	金	单	鹄	寡	凫
同	室	操	戈	枪	林	弹	雨
斩	钉	截	铁	匹	马	觭	轮
厉	兵	秣	马	马	到	成	功
千	军	万	马	马	革	裹	尸
老	当	益	壮	放	饭	流	饮
乐	于	助	人	南	腔	北	调
奋	发	图	强	山	盟	海	誓

📖📖📖📖 **1月9日** ☞☞☞

9 ☺☺☺ **趣填数字成语** ☺☺☺.

　　请您在下面每组中的每一个空方格里分别填进一个字，使每一组所填入的字分别与第一个方格中的数字横向读各组成一条 4 字成语。

一 □□□ ,	二 □□□ ,	三 □□□ ,
四 □□□ ,	五 □□□ ,	六 □□□ ,
七 □□□ ,	八 □□□ ,	九 □□□ ,
十 □□□ ,	零 □□□ ,	百 □□□ ,
千 □□□ ,	万 □□□ ,	亿 □□□ 。

♥♥♥ 答案链接 ♥♥♥ →▶

一见钟情,	二三其德,	三教九流,	四面楚歌,	五彩缤纷,
六神无主,	七窍生烟,	八面玲珑,	九霄云外,	十全十美,
零敲碎打,	百步穿杨,	千里迢迢,	万籁俱寂,	亿万斯年。

📖📖📖 1月10日 🍃🍃🍃

10 ☺☺☺ 找朋友趣填同义词成语（一）☺☺☺.

有些成语，基本意思可以用另一成语来加以诠释，有的成语甚至可以连用，即是成语的连用性，如："绝无仅有"可用"独一无二"来加以解释。请在下面括号里给下列每一条成语分别填写一条意思相同或相近的孪生4字成语,看一看她们的孪生MM(妹妹) 长啥样?

1. 唇亡齿寒（　　）; 　2. 画蛇添足（　　）;

3. 循规蹈矩（　　）; 　4. 遍体鳞伤（　　）;

5. 沆瀣一气（　　）; 　6. 卸磨杀驴（　　）;

7. 责无旁贷（　　）; 　8. 学而不厌（　　）;

9. 专横跋扈（　　）; 10. 颠倒是非（　　）;

11. 前所未有（　　）; 12. 各自为政（　　）;

13. 临渴掘井（　　）; 14. 华而不实（　　）;

15. 得意忘形（　　）; 16. 光明磊落（　　）;

17. 俯首帖耳（　　）; 18. 人云亦云（　　）;

19. 夜郎自大（　　）; 20. 石沉大海（　　）;

21. 粗心大意（　　）; 22. 破釜沉舟（　　）;

23. 色厉内荏（　　）; 24. 井井有条（　　）;

25. 倚官仗势（　　）; 26. 探囊取物（　　）;

27. 视若无睹（　　）; 28. 身体力行（　　）;

29. 暴跳如雷（　　）; 30. 反躬自问（　　）;

31. 聚精会神（　　）; 32. 日暮途穷（　　）;

33. 随机应变（　　）; 34. 山高水低（　　）;

35. 离题万里（　　）; 36. 参差不齐（　　）;

37. 众目睽睽（　　）; 38. 孔席不暖（　　）;

39. 旗开得胜（　　）; 40. 千载难逢（　　）;

41. 势如破竹（　　）; 42. 有口皆碑（　　）;

43. 望梅止渴（　　）；44. 作茧自律（　　）；

45. 欣欣向荣（　　）；46. 长袖善舞（　　）；

47. 水滴石穿（　　）；48. 忙中偷闲（　　）；

49. 少成若天性（　　　　）；

50. 路遥知马力（　　　　）。

♥♥♥ 答案链接 ♥♥♥➡▶

1. 休戚相关；　2. 多此一举；　3. 墨守成规；　4. 体无完肤；

5. 臭味相投；　6. 过河拆桥；　7. 义不容辞；　8. 孜孜不倦；

9. 飞扬跋扈；　10. 混淆黑白；　11. 史无前例；　12. 各行其是；

13. 临阵磨枪；　14. 脆而不坚；　15. 得意洋洋；　16. 光明正大；

17. 俯首听命；　18. 随声附和；　19. 妄自尊大；　20. 杳无音信；

21. 粗枝大叶；　22. 孤注一掷；　23. 外强中干；　24. 有条不紊；

25. 狐假虎威；　26. 唾手可得；　27. 视而不见；　28. 以身作则；

29. 大发雷霆；　30. 反躬自省；　31. 全神贯注；　32. 穷途末路；

33. 看风使舵；　34. 三长两短；　35. 废话连篇；　36. 里出外进；

37. 大庭广众；　38. 墨突不黔；　39. 马到成功；　40. 铁树开花；

41. 迎刃而解；　42. 口碑载道；　43. 画饼充饥；　44. 画地为牢；

45. 勃勃生机；　46. 多财善贾；　47. 绳锯木断；　48. 苦中作乐；

49. 习惯成自然；　50. 日久见人心。

📖📖 1月11日 ☞☞☞

📖 11 ☺☺☺ 横竖自在趣填"鼠"字成语 ☺☺☺.

请您在下图空格里填入适当的字，使之横向读可以组成为 16
条包含有"鼠"字的 4 字成语。

鼠							鼠
……	鼠			……		鼠	
		鼠			鼠		
			鼠	鼠			
			鼠	鼠			
		鼠			鼠		
	鼠					鼠	
鼠							鼠

♥♥♥ 答案链接 ♥♥♥→▶

鼠腹鸡肠，城狐社鼠，偃鼠饮河，虫臂鼠肝，狐潜鼠伏，
投鼠忌器，过街老鼠，鼠目寸光，以狸饵鼠，鼠牙雀角，
獐头鼠目，老鼠见猫，首鼠两端，狼贪鼠窃，鼠窃狗盗，
胆小如鼠。

📖📖 1月12日 ☞☞☞

📖 12 ☺☺☺ 成语碰碰车俱乐部（一） ☺☺☺.

请按下列要求分别列举写出 5 条成语——成语碰碰车。

1. 列举与饮食有关的 5 条 4 字成语。
2. 列举与宗教有关的 5 条 4 字成语。
3. 列举与交通有关的 5 条 4 字成语。

4. 列举含有"春"字的 5 条 4 字成语。

5. 列举带有"秋"字的 5 条 4 字成语。

6. 列举带有"喜"字并含有喜气色彩的 5 条 4 字成语。

7. 列举运用精练成语入名法而取名的 5 条 4 字成语。

8. 列举含有天文现象的 5 条 4 字成语。

9. 列举含有度量衡计量单位的 5 条 4 字成语。

10. 列举体现医学技术的 5 条 4 字成语。

♥♥♥ 答案链接 ♥♥♥→▶

1. 山珍海味；饔飧不继；酒池肉林；琼浆玉液；山肴野蔌。

2. 顶礼膜拜；立地成佛；借花献佛；醍醐灌顶；恒河沙数。

3. 舟车劳顿；车水马龙；前车可鉴；四通八达；风驰电掣。

4. 春光明媚；阳春白雪；雨后春笋；妙手回春；大地回春。

5. 秋毫无犯；千秋万代；平分秋色；多事之秋；一叶知秋。

6. 欢天喜地；喜跃抃舞；喜笑颜开；喜从天降；喜逐颜开。

7. 凌云壮志(凌云志)；韦编三绝(韦三绝)；高山景行(高景行)；
金玉良言 (金玉良)；前程似锦 (程似锦) 。[注：括号内是人名。]

8. 斗转参横；持衡拥璇；南箕北斗；白虹贯日；牛郎织女。

9. 二缶钟惑；一千一方；一碧万顷；退避三舍；异乎寻常。

10. 洞见症结；以毒攻毒；癣疥之疾；病入膏肓；望闻问切。

1月13日

13 ☺☺☺ 扬虎威克隆 "虎"字成语（一）☺☺☺

虎虎生威，虎踞龙盘。老虎以其威武凶猛的气慨给人们留下了难忘的印象，人们创造了许多"虎"字成语，赋予"虎"字成语不同的感情色彩，请按照褒义、贬义、中性三种词性，请您分别列举带有"虎"字的成语若干条。

♥♥♥ 答案链接 ♥♥♥→▶

褒义词性成语： 生龙活虎，龙行虎步，虎略龙韬，如虎添翼，虎踞龙盘，龙骧虎步，龙骧虎视，龙吟虎啸，如虎添翼，龙腾虎跃，鹰扬虎视，绣虎雕龙，虎视鹰瞵，虎毒不食子，初生牛犊不怕虎。

贬义词性成语： 照猫画虎，谈虎色变，狐假虎威，画虎类犬，狼吞虎咽，为虎作伥，如狼似虎，虎视眈眈，畏敌如虎，纵虎归山，羊质虎皮，三人成虎，暴虎冯河，骑虎难下，引虎自卫，坐山观虎斗，前怕狼，后怕虎。

中性词性成语： 虎背熊腰，虎口余生，虎落平川，谈虎色变，饿虎扑食，与虎谋皮，虎尾春冰，龙争虎斗，虎口拔牙，虎头蛇尾，虎掷龙拿，调虎离山，两虎相斗（争），不入虎穴，焉得虎子。

1月14日

14 ☺☺☺ 填字组"千□万□"成语 ☺☺☺.

请在下图方格里填上适当的字，组成8条常用的4字成语。

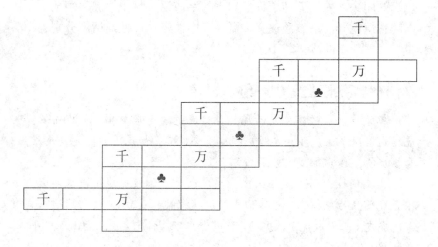

♥♥♥ 答案链接 ♥♥♥➜▶

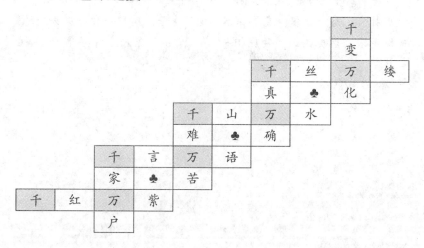

📖📖📖📖 1月15日 🍂🍂🍂

15 ☺☺☺ 成语与人名（一）☺☺☺.

　　人的一生离不开名字，名字是人的代号，人人都有名字，天天都在使用名字，美名伴好运，一个美名将陪伴人的一生，对人生起着潜移默化的帮助。有些人的名字与成语息息相关，新颖独特，恰到好处，一"名"惊人，智趣隽美，饶有韵味，妙趣横生，回味无穷，9494（就是就是）Cool（酷）！➜ 您能在3分钟内写出下列某人的姓名分别取自于哪些成语呢？来吧！您一定能行哦！

　　1. 杜鹏程；2. 陈残云；3. 周树人（鲁迅的原名）；4. 龚自珍；5. 丁慧中；6. 钱谦益；7. 甘如饴；8. 方志敏；9. 马致远；10. 成龙；11. 杨（扬）得意；12. 李立三；13. 计有功；14. 火树华；15. 陈默；16. 平青云；17. 石惊天；18. 叶归根；19. 归赵璧；20. 魏启后；21. 吉天相；22. 华齐放；23. 雷万钧（或"雷霆"）；24. 卢万成；25. 卢一心；26. 康泰；27. 邢万军；28. 龚立三；29. 谭千秋；30. 辛向荣；31. 安如山；32. 董智勇；33. 王步高；34. 盛以恒；35. 傅如一；36. 蒲英姿；37. 雷思行；38. 程（成）从龙；39. 陈师道；40. 满园春。

♥♥♥ 答案链接 ♥♥♥ ➜ ▶

　　1. 鹏程万里。2. 风卷残云。3. 百年树人。4. 敝帚自珍。
　　5. 秀外慧中。6. 满招损，谦受益；一谦四益。7. 甘之如饴。
　　8. 逊志时敏。9. 宁静致远。10. 配套成龙；成龙配套；成龙上天；望子成龙。11. 扬扬得意。12. 三十而立。13. 计日程功。
　　14. 火树银花。15. 沉默不语；沉默是金。16. 平步青云。
　　17. 石破天惊。18. 叶落归根。19. 完璧归赵。20. 承前启后。
　　21. 吉人天相。22. 百花齐放。23. 雷霆万钧。24. 成千上万。
　　25. 一心一意。26. 人康国泰。27. 千军万马。28. 三十而立。

29. 千秋万代；千秋万岁。30. 欣欣向荣。31. 安如泰山。
32. 智勇双全。33. 步步高升。34. 持之以恒。35. 始终如一。
36. 英姿飒爽。37. 雷厉风行。38. 成龙上天。39. 师严道尊。
40. 满园春色。

1月16日

16 ☺☺☺ 金鸡独立趣填"鸡"字成语 ☺☺☺.

金鸡独立，为人报晓，独领风骚。您能在下面每个空方格内填上一个适当的字，使之分别组拼成为18条含有"鸡"字的4字成语吗？

鸡								鸡
	鸡						鸡	
		鸡		✿		鸡		
			鸡	✿	鸡			
			鸡	"鸡"	鸡			
			鸡	字	鸡			
鸡				成				鸡
鸡				语				鸡
鸡				✿				鸡
				✿				

♥♥♥ 答案链接 ♥♥♥→►

鸡犬桑麻，闻鸡起舞，鹤立鸡群，金马碧鸡，呆若木鸡，嫁鸡逐鸡，鸡不及凤，鸡犬不宁，鸡毛蒜皮，嫁鸡随鸡，鹤发鸡皮，金鸡独立，鸡伏鹄卵，鸡鹜争食，鸡鸣狗盗，牛刀割鸡，瓮中醯鸡，斗酒只鸡。

📖📖📖 1月17日 ☞☞☞

17 ☺☺☺ 马到成功趣填"马"字成语（二）☺☺☺

一马当先，马到成功，请您在下面图中空方格内填入适当的字，使图中每一横行分别与"马"字组成14条4字成语。

		马						马		
		马						马		
		马						马		
	马				马				马	
		马						马		
			马				马			
			马				马			

♥♥♥ 答案链接 ♥♥♥→▶

	马	到	成	功	招	兵	买	马		
	一	马	当	先			走	马	观	花
指	鹿	为	马				马	齿	徒	增
快	马	加	鞭		马		人	欢	马	叫
青	梅	竹	马				马	不	停	蹄
	单	刀	匹	马			马	工	枚	速
	一	马	平	川	车	水	马	龙		

📖📖📖 1月18日 ☞☞☞

18 ☺☺☺ "＋－×÷"法成语算式 ☺☺☺

看您能否答得快而准——请您在下列每道"加减乘除"法成语算式的各个相应方格内和圆圈内填上适当的数字，使每道成语"加减乘除"法运算等式都成立。[温馨提示：要求每一道成语"＋－

×÷"法算式中方格与方格、圆圈与圆圈里的数字分别相运算。]

1. □板○眼 + □满○平 = □头○臂；

2. □令○申 + □日○秋 = □通○达；

3. □心○意 + □从○德 = □分○裂；

4. □面○方 + □穷○白 = □光○色；

5. □头○面 + □擒○纵 = □亲○故；

6. □言○鼎 + □牛○毛 = □全○美；

7. □死○活 + □心○意 = □战○胜；

8. □平○稳 - □对○面 = □穷○白；

9. □室○空 - □拼○凑 = □位○体；

10. □青○黄 - □湖○海 = □从○德；

11. □羊○牧 - □手○脚 = □位○体；

12. □上○下 - □分○裂 = □衅○浴；

13. □呼○应 × □方○计 = □军○马；

14. □干○净 × □湖○海 = □花○门；

15. □龙○蛇 × □秋○代 = □差○别；

16. □心○意 × □秋○代 = □言○语；

17. □山万水 × □拿九稳 = □众一心；

18. □马当先 × □上□下 = □嘴□舌；

19. □字打开 × □窍生烟 = □尺之躯 × □面来风；

20. □紫○红 ÷ □目○行 = □疮○孔；

21. □水○山 ÷ □无○是 = □孔○疮；

22. □言○语 ÷ □载○时 = □本○利；

23. □日○里 ÷ □发○钧 = □心○意；

24. □万火急 ÷ □花八门 = □败俱伤；

25. □马□军 ÷ □紫□红 = □表人才。

♥♥♥ 答案链接 ♥♥♥➔▶

1. 一板三眼 + 二满三平 = 三头六臂；
2. 三令五申 + 一日三秋 = 四通八达；
3. 一心一意 + 三从四德 = 四分五裂；
4. 四面八方 + 一穷二白 = 五光十色；
5. 三头二面 + 七擒七纵 = 十亲九故；
6. 一言九鼎 + 九牛一毛 = 十全十美；
7. 七死八活 + 三心二意 = 十战十胜；
8. 四平八稳 − 三对六面 = 一穷二白；
9. 十室九空 − 七拼八凑 = 三位一体；
10. 七青八黄 − 五湖四海 = 三从四德；
11. 十羊九牧 − 七手八脚 = 三位一体；
12. 七上八下 − 四分五裂 = 三衅三浴；
13. 一呼百应 × 千方百计 = 千军万马；
14. 一干二净 × 五湖四海 = 五花八门；
15. 一龙一蛇 × 千秋万代 = 千差万别；
16. 一心一意 × 千秋万代 = 千言万语；
17. 千山万水 × 十拿九稳 = 万众一心；
18. 一马当先 × 七上八下 = 七嘴八舌；
19. 八字打开 × 七窍生烟 = 七尺之躯 × 八面来风；
20. 万紫千红 ÷ 一目十行 = 千疮百孔；
21. 万水千山 ÷ 百无一是 = 百孔千疮；
22. 千言万语 ÷ 千载一时 = 一本万利；
23. 一日千里 ÷ 一发千钧 = 一心一意；
24. 十万火急 ÷ 五花八门 = 二败俱伤；
25. 万马千军 ÷ 万紫千红 = 一表人才。

📖📖📖 1月19日 ☞☞☞

19 ☺☺☺ "一"字成语克隆室 ☺☺☺.

我们把"一"放进成语克隆室，可克隆300多条"一"字成语，请在下列空格里填上适当的字，构成异彩纷呈各具特色的30条含有"一"字的成语。

1. 一马□□；　　2. 一□二□；　　3. 一□两□；

4. 一□□二；　　5. 一□一□；　　6. 一□双□；

7. 一□三□；　　8. 一□五□；　　9. 一□九□；

10. 一□十□；　　11. 一□□□；　　12. 一□半□；

13. 一□百□；　　14. 一□千□；　　15. 一□万□；

16. 一□□十；　　17. □一□百；　　18. □一而□；

19. □一□万；　　20. 三□一□；　　21. 四□一□；

22. 五□一□；　　23. 九□一□；　　24. 十□一□；

25. 万□一□；　　26. 九□□一；　　27. □一□三；

28. 百□□一；　　29. 一□□十，十□□百；

30. 一朝□□一□臣。

♥♥♥ 答案链接 ♥♥♥➜▶

1. 一马当先；　2. 一穷二白；　3. 一刀两断；　4. 一分为二；

5. 一朝一夕；　6. 一箭双雕；　7. 一隅三反；　8. 一百五日；

9. 一言九鼎；　10. 一馈十起；　11. 一五一十；　12. 一知半解；

13. 一呼百应；　14. 一字千金；　15. 一本万利；　16. 一以当十；

17. 人一己百；　18. 不一而足；　19. 以一持万；　20. 三位一体；

21. 四海一家；　22. 五鼎一肴；　23. 九死一生；　24. 十死一生；

25. 万口一谈；　26. 九九归一；　27. 举一反三；　28. 百里挑一；

29. 一传十，十传百；　30. 一朝天子一朝臣。

📖📖📖 1月20日 ☞☞☞

20 　　　☺☺☺ 成语接龙我最棒 ☺☺☺.

　　成语接龙，又称成语连环，就是若干条成语按照一定的规律连接成一条龙，一般要求上一条成语的末字字音与其下一条成语的首字字音相同，它们有的首尾相连，有的谐音相连，有的生肖相连等等。请您在下面空方格内填入适当的字，使下面每一组成语都成为成语接龙。

　　1. 谈笑风（　）离死（　）具匠（　）安理（　）天独（　）德载（　）以类（　）精会（　）色不（　）天动（　）大物（　）大精（　）藏若（　）有其（　）里如（　）往无（　）车之（　）貌辨（　）厉内荏。

　　2、一住擎（　）荒地（　）生常（　）笑风（　）花妙（　）墨官（　）空见（　）诞不（　）年累（　）下老（　）之常（　）同手（　）智多（　）财害（　）世之（　）高八（　）转星（　）花接（　）已成（　）中敌（　）色天香。

　　3. 一往无（　）仆后（　）往开（　）日方（　）驱直（　）情入（　）直气（　）志凌（　）开见（　）新月（　）口同（　）势浩（　）有作（　）期不（　）交近（　）无不（　）敌制（　）任愉（　）人快（　）出惊（　）弃我（　）之不（　）善尽（　）不胜（　）回成（　）俦啸侣。

　　4. 轻而易（　）足轻（　）如泰（　）高水（　）生不（　）生常（　）笑风（　）机勃（　）然大（　）形于（　）衰爱（　）名中（　）强中（　）云蔽（　）积月（　）教不（　）邪归（　）大光（　）见万（　）通外（　）计民（　）机勃（　）然大（　）发冲（　）盖相（　）穿秋（　）到渠（　）千成（　）象更（　）陈代（　）天谢（　）久天（　）驱直（　）木三（　）甘共（　）尽甘（　）日方长。

　　5. 大地回（　）暖花（　）天辟（　）久天（　）年累（　）下老（　）之常（　）急智（　）花妙（　）墨官（　）空见惯。

♥♥♥ 答案链接 ♥♥♥→►

1. 谈笑风（生）离死（别）具匠（心）安理（得）天独（厚）德载（物）以类（聚）精会（神）色不（惊）天动（地）大物（博）大精（深）藏若（虚）有其（表）里如（一）往无（前）车之（鉴）貌辨（色）厉内荏。

2. 一柱擎（天）荒地（老）生常（谈）笑风（生）花妙（笔）墨官（司）空见（怪）诞不（经）年累（月）下老（人）之常（情）同手（足）智多（谋）财害（命）世之（才）高八（斗）转星（移）花接（木）已成（舟）中敌（国）色天香。

3. 一往无（前）仆后（继）往开（来）日方（长）驱直（入）情入（理）直气（壮）志凌（云）开见（日）新月（异）口同（声）势浩（大）有作（为）期不（远）交近（攻）无不（克）敌制（胜）任愉（快）人快（语）出惊（人）弃我（取）之不（尽）善尽（美）不胜（收）回成（命）侍啸侣。

4. 轻而易（举）足轻（重）如泰（山）高水（长）生不（老）生常（谈）笑风（生）机勃（勃）然大（怒）形于（色）衰爱（驰）名中（外）强中（干）云蔽（日）积月（累）教不（改）邪归（正）大光（明）见万（里）通外（国）计民（生）机勃（勃）然大（怒）发冲（冠）盖相（望）穿秋（水）到渠（成）千成（万）象更（新）陈代（谢）天谢（地）久天（长）驱直（入）木三（分）甘共（苦）尽甘（来）日方长。

5. 大地回（春）暖花（开）天辟（地）久天（长）年累（月）下老（人）之常（情）急智（生）花妙（笔）墨官（司）空见惯。

1月21日 ☞☞☞

21 ☺☺☺ 成语错别字美容矫治中心（一）☺☺☺.

请矫正下列成语中的错别字。（注：加着重号的字是错别字。）

1. 沧海一栗（　　）；2. 高展远瞩（　　）；3. 义不容词（　　）；

4. 费寝忘食（　　）；5. 病入膏盲（　　）；6. 不知所错（　　）；

7. 平义近人（　　）；8. 穿流不息（　　）；9. 豪不犹豫（　　）；

10. 不可救要（　）；11. 歪风斜气（　）；12. 陈词烂调（　）；
13. 理曲词穷（　）；14. 拍手叫决（　）；15. 涣然一新（　）；
16. 淋漓尽至（　）；17. 侮人不倦（　）；18. 认劳认怨（　）；
19. 大事大非（　）；20. 情不自尽（　）；21. 变本加利（　）；
22. 直接了当（　）；23. 沤心沥血（　）；24. 积思广益（　）；
25. 自立更生（　）；26. 鞠躬尽粹（　）；27. 遍体邻伤（　）；
28. 戒骄戒燥（　）；29. 背景离乡（　）；30. 物及必反（　）；
31. 坚如盘石（　）；32. 礼上往来（　）；33. 合盘托出（　）；
34. 全宜之计（　）；35. 事得其反（　）；36. 出类拔翠（　）；
37. 喜笑怒骂（　）；38. 猪丝马迹（　）；39. 和霭可亲（　）；
40. 故名思义（　）；41. 世外桃院（　）；42. 前居后恭（　）；
43. 激流勇退（　）；44. 道貌安然（　）；45. 日新月移（　）。

♥♥♥ 答案链接 ♥♥♥ → ▶（注: 后括号里的字是正确的字）。

1. 沧海一栗（粟）；2. 高展远瞩（瞻）；3. 义不容词（辞）；
4. 费寝忘食（废）；5. 病入膏盲（肓）；6. 不知所错（措）；
7. 平义近人（易）；8. 穿流不息（川）；9. 豪不犹豫（毫）；
10. 不可救要（药）；11. 歪风斜气（邪）；12. 陈词烂调（滥）；
13. 理曲词穷（屈）；14. 拍手叫决（绝）；15. 涣然一新（焕）；
16. 淋漓尽至（致）；17. 侮人不倦（诲）；18. 认劳认怨（任）；
19. 大事大非（是）；20. 情不自尽（禁）；21. 变本加利（厉）；
22. 直接了当（截）；23. 沤心沥血（呕）；24. 积思广益（集）；
25. 自立更生（力）；26. 鞠躬尽粹（瘁）；27. 遍体邻伤（鳞）；
28. 戒骄戒燥（躁）；29. 背景离乡（井）；30. 物及必反（极）；
31. 坚如盘石（磐）；32. 礼上往来（尚）；33. 合盘托出（和）；
34. 全宜之计（权）；35. 事得其反（适）；36. 出类拔翠（萃）；
37. 喜笑怒骂（嬉）；38. 猪丝马迹（蛛）；39. 和霭可亲（蔼）；
40. 故名思义（顾）；41. 世外桃院（源）；42. 前居后恭（倨）；
43. 激流勇退（急）；44. 道貌安然（岸）；45. 日新月移（异）。

春卷 ◆ 成语趣味游戏宝典

📖📖📖 1月22日 ☜☜☜

22 ☺☺☺ 蜗牛屋里趣填成语 ☺☺☺.

蜗居生活乐趣多——请按箭头指示方向在下列蜗牛屋方格里填补5条成语，确保成语接龙畅通无阻。☟

↓♥♥♥ 答案链接 ♥♥♥ → ▶☞

↓			←
	↓		←
		→	↑
→			↑

二	不	一	说
满	室	宜	言
三	宜	家	盛
平	心	静	气

📖📖📖 1月23日 ☜☜☜

23 ☺☺☺ 龙的传人趣填"龙"字成语（一）☺☺☺.

中国人民是龙之传人，龙传天下，中华民族是最崇尚"龙"的，请您在下列空格内填上恰当的字，横向读使之组成22条带有"龙"字的4字成语。

		龙						龙		
	龙		龙龙龙 ☺ 龙龙龙 ☺ 龙龙龙				龙			
龙								龙	
龙				龙	龙				龙
	龙			龙		龙		龙	
	龙		龙		龙		龙	
		龙	龙			龙	龙	

♥♥♥ 答案链接 ♥♥♥➜▶

风	虎	云	龙					龙	吟	虎	啸
虎	踞	龙	盘	龙龙龙☺龙龙龙☺龙龙龙				真	龙	天	子
藏	龙	卧	虎					笔	走	龙	蛇
龙	飞	色	舞	打	凤	捞	龙	龙	蟠	凤	逸	配	套	成	龙
乘	龙	快	婿	骥	子	龙	文	画	龙	点	睛	云	起	龙	骧
一	世	龙	门	伏	龙	凤	雏	匣	里	龙	吟	云	龙	风	虎
叶	公	好	龙	龙	马	精	神	人	中	之	龙	龙	争	虎	斗

📖📖📖 1月24日 ☜☜☜

24　☺☺☺ 成语句式填空谜 ☺☺☺.

　　请在下列成语中填入恰当的字，总结并熟记"无（ ）无( )"、"有（ ）无（ ）"、"有（ ）有（ ）"、"无（ ）有（ ）"、"无（ ）（ ）有"这五类成语句式特点。

▲1. 无（ ）无（ ），2. 无（ ）无（ ），3. 无（ ）无（ ），
　4. 无（ ）无（ ），5. 无（ ）无（ ），6. 无（ ）无（ ），
　7. 无（ ）无（ ），8. 无（ ）无（ ），9. 无（ ）无（ ），
10. 无（ ）无（ ），11. 无（ ）无（ ），12. 无（ ）无（ ），
13. 无（ ）无（ ），14. 无（ ）无（ ），15. 无（ ）无（ ）。

▲1. 有（ ）无（ ），2. 有（ ）无（ ），3. 有（ ）无（ ），
　4. 有（ ）无（ ），5. 有（ ）无（ ），6. 有（ ）无（ ），
　7. 有（ ）无（ ），8. 有（ ）无（ ），9. 有（ ）无（ ），
10. 有（ ）无（ ），11. 有（ ）无（ ），12. 有（ ）无（ ），
13. 有（ ）无（ ），14. 有（ ）无（ ），15. 有（ ）无（ ）。

▲1. 有（ ）有（ ），2. 有（ ）有（ ），3. 有（ ）有（ ），
　4. 有（ ）有（ ），5. 有（ ）有（ ），6. 有（ ）有（ ），

7. 有（ ）有（ ），8. 有（ ）有（ ），9. 有（ ）有（ ），
10. 有（ ）有（ ）。

▲1. 无（ ）（ ）有，2. 无（ ）（ ）有，3. 无（ ）有（ ），
4. 无（ ）有（ ），5. 无（ ）发（ ）（ ）。

♥♥♥ 答案链接 ♥♥♥→►

▲1. 影，踪；2. 穷，尽；3. 依，靠；4. 法，天；5. 缘，故；
6. 滴，莫；7. 挂，碍；8. 拘，束；9. 咎，誉；10. 偏，党；
11. 情，义；12. 声，臭；13. 拳，勇；14. 大，小；15. 冬，夏。

▲1. 备，患；2. 名，实；3. 教，类；4. 恃，恐；5. 勇，谋；
6. 加，已；7. 天，日；8. 头，尾；9. 气，力；10. 眼，珠；
11. 始，终；12. 口，心；13. 才，命；14. 死，生；15. 一，二。

▲1. 血，肉；2. 声，色；3. 棱，角；4. 凭，据；5. 利，弊；
6. 始，终；7. 头，尾；8. 头，脸；9. 板，眼；10. 物，则。

▲1. 中，生；2. 奇，不；3. 私，弊；4. 独，偶；5. 何，之乡。

📖📖📖 1月25日 ☜☜☜

25 ☺☺☺ 填字组成语 ☺☺☺.

请您在下面空括号里填入恰当的字，使之分别与"一"字、"不"
字或者同时交替与"一"字和"不"字各组成10条成语。

▲1. 一（ ）一（ ）；2. 一（ ）一（ ）；3. 一（ ）一（ ）；
4. 一（ ）一（ ）；5. 一（ ）一（ ）；6. 一（ ）一（ ）；
7. 一（ ）一（ ）；8. 一（ ）一（ ）；9. 一（ ）一（ ）；
10. 一（ ）一（ ）。

▲1. 不（ ）不（ ）；2. 不（ ）不（ ）；3. 不（ ）不（ ）；
4. 不（ ）不（ ）；5. 不（ ）不（ ）；6. 不（ ）不（ ）；
7. 不（ ）不（ ）；8. 不（ ）不（ ）；9. 不（ ）不（ ）；

10. 不（ ）不（ ）。

▲1. 一（ ）不（ ）；2. 一（ ）不（ ）；3. 一（ ）不（ ）；
　4. 一（ ）不（ ）；5. 一（ ）不（ ）；6. 一（ ）不（ ）；
　7. 一（ ）不（ ）；8. 一（ ）不（ ）；9. 一（ ）不（ ）；
10. 、一（ ）不（ ）。

▲1. 不（ ）一（ ）；2. 不（ ）一（ ）；3. 不（ ）一（ ）；
　4. 不（ ）一（ ）；5. 不（ ）一（ ）；6. 不（ ）一（ ）；
　7. 不（ ）一（ ）；8. 不（ ）一（ ）；9. 不（ ）一（ ）；
10. 不（ ）一（ ），不（ ）一（ ）。

♥♥♥ 答案链接 ♥♥♥➔▶

▲1. 一唱一和；2. 一心一意；3. 一模一样；4. 一朝一夕；
　5. 一五一十；6. 一龙一蛇；7. 一步一鬼；8. 一龙一猪；
　9. 一饮一啄；10. 一张一弛。

▲1. 不闻不问；2. 不卑不亢；3. 不伦不类；4. 不折不扣；
　5. 不三不四；6. 不声不响；7. 不上不下；8. 不明不白；
　9. 不痛不痒；10. 不郎不秀。

▲1. 一成不变；2. 一尘不染；3. 一病不起；4. 一丝不苟；
　5. 一丝不挂；6. 一毛不拔；7. 一蹶不振；8. 一钱不值；
　9. 一窍不通；10. 一定不易。

▲1. 不可一世；2. 不识一丁；3. 不拘一格；4. 不屑一顾；
　5. 不堪一击；6. 不名一钱；7. 不值一钱；8. 不赞一辞；
　9. 不值一提；10. 不经一事，不长一智。

📖📖📖📖 1月26日 ✆✆✆

26 ☺☺☺畅游成语动物乐园 ☺☺☺.

动物园里成语多，下面成语动物园藏有40余种动物，每一种动物名称是每一条成语的最后一两个字，如："千军万马"的"马"，等等。赶快行动吧！请在下面括号里把这些动物名填写出来。

1. 守株待（ ）；　2. 生龙活（ ）；　3. 叶公好（ ）；

4. 噤若寒（ ）；　5. 管中窥（ ）；　6. 骑驴觅（ ）；

7. 临渊羡（ ）；　8. 打草惊（ ）；　9. 为丛驱（ ）；

10. 顺手牵（ ）；11. 胆小如（ ）；12. 趋之若（ ）；

13. 南鹞北（ ）；14. 孤雌寡（ ）；15. 玉堂金（ ）；

16. 狗尾续（ ）；17. 井底之（ ）；18. 杀鸡吓（ ）；

19. 一箭双（ ）；20. 一丘之（ ）；21. 包罗万（ ）；

22. 攀龙附（ ）；23. 白云苍（ ）；24. 沉鱼落（ ）；

25. 社鼠城（ ）；26. 中原逐（ ）；27. 瓮中之（ ）；

28. 别鹤孤（ ）；29. 力士捉（ ）；30. 气喘如（ ）；

31. 蠢笨如（ ）；32. 搏牛之（ ）；33. 飞蝇垂（ ）；

34. 博士买（ ）；35. 盲人摸（ ）；36. 仗马寒（ ）；

37. 涸辙之（ ）；38. 惊弓之（ ）；39. 河东吼（ ）；

40. 彩凤随（ ）；41. 不待蓍（ ）；42. 非熊非（ ）；

43. 落汤（ ）（ ）；44. 闭塞眼睛捉（ ）（ ）；

45. 前门拒（ ），后门拒（ ）。

♥♥♥ 答案链接 ♥♥♥→▶

1. 守株待（兔）；　2. 生龙活（虎）；　3. 叶公好（龙）；

4. 噤若寒（蝉）；　5. 管中窥（豹）；　6. 骑驴觅（驴）；

7. 临渊羡（鱼）；　8. 打草惊（蛇）；　9. 为丛驱（雀）；

10. 顺手牵（羊）；11. 胆小如（鼠）；12. 趋之若（鹜）；

13. 南鹞北（鹰）；14. 孤雌寡（鹤）；15. 玉堂金（马）；

16. 狗尾续（貂）；17. 井底之（蛙）；18. 杀鸡吓（猴）；
19. 一箭双（雕）；20. 一丘之（貉）；21. 包罗万（象）；
22. 攀龙附（凤）23. 白云苍（狗）；24. 沉鱼落（雁）；
25. 社鼠城（狐）；26. 中原逐（鹿）；27. 瓮中之（鳖）；
28. 别鹤孤（鸾）；29. 力士捉（蝇）；30. 气喘如（牛）；
31. 蠢笨如（猪）；32. 搏牛之（虻）；33. 飞蝇垂（蛛）；
34. 博士买（驴）；35. 盲人摸（象）；36. 仗马寒（蝉）；
37. 涸辙之（鲋）；38. 惊弓之（鸟）；39. 河东吼（狮）；
40. 彩凤随（鸦）；41. 不待著（龟）；
42. 非熊非（黑）［黑：熊的一种类］；43. 落汤（螃）（蟹）；
44. 闭塞眼睛捉（麻）（雀）；45. 前门拒（虎），后门拒（狼）。

📖📖📖 1月27日 ☞☞☞

📖 27 ☺☺☺填字组大"吉"字成语 ☺☺☺.

大吉大利，万民景仰，万事如意。请把下面大"吉"字的漏字方格填写完整，使之可组成 7 条趣味成语。➜

		举		
一	棒		条	痕
		反		
一	问		不	知

言	语		天	下
必				马
信	破		荒	威

♥♥♥ 答案链接 ♥♥♥➜▶

图中间四个空方格从上至下依次分别填入"一"、"三"、"妙"、"天"四个字。组成"举一反三"、"一棒一条痕"、"一问三不知"、"言必信"、"言语妙天下"、"下马威"、"破天荒"等7条成语。

1月28日 ☞☞☞

28 ☺☺☺ 叠字成语超市（一）☺☺☺

请您在下列括号里填写进适当的叠字构建叠字成语超市。

▲1.（　）（　）益善；　2.（　）（　）不倦；　3.（　）（　）私语；
　4.（　）（　）满家；　5.（　）（　）有味；　6.（　）（　）告诫；
　7.（　）（　）群山；　8.（　）（　）自喜；　9.（　）（　）怪事；
　10.（　）（　）逼人；11.（　）（　）其谈；12.（　）（　）不舍；
　13.（　）（　）不断；14.（　）（　）待哺；15.（　）（　）从长；
　16.（　）（　）善诱；17.（　）（　）玉立；18.（　）（　）相通；
　19.（　）（　）有词；20.（　）（　）是道；21.（　）（　）学子；
　22.（　）（　）世界；23.（　）（　）大方；24.（　）（　）不绝；
　25.（　）（　）有条；26.（　）（　）如生；27.（　）（　）可危；
　28.（　）（　）珠玑；29.（　）（　）大国；30.（　）（　）无穷。

▲1. 神采（　）（　）；　2. 余音（　）（　）；　3. 大名（　）（　）；
　4. 鸿飞（　）（　）；　5. 风尘（　）（　）；　6. 文质（　）（　）；
　7. 小心（　）（　）；　8. 野心（　）（　）；　9. 磨刀（　）（　）；
　10. 暮云（　）（　）；11. 白雪（　）（　）；12. 死气（　）（　）；
　13. 风雨（　）（　）；14. 羞人（　）（　）；15. 得意（　）（　）；
　16. 牛山（　）（　）；17. 言之（　）（　）；18. 众目（　）（　）；
　19. 信誓（　）（　）；20. 铁骨（　）（　）；21. 气势（　）（　）；
　22. 忧心（　）（　）；23. 逃之（　）（　）；24. 忠心（　）（　）；
　25. 兴致（　）（　）；26. 大才（　）（　）；27. 徒呼（　）（　）；
　28. 文采（　）（　）；29. 书空（　）（　）；30. 书记（　）（　）。

▲1.（　）（　）崇崇；　2.（　）（　）兢兢；　3.（　）（　）翼翼；
　4.（　）（　）五五；　5.（　）（　）烈烈；　6.（　）（　）落落；
　7.（　）（　）恶恶；　8.（　）（　）本本；　9.（　）（　）绰绰；
　10.（　）（　）两两；11.（　）（　）约约；12.（　）（　）燕燕；
　13.（　）（　）恳恳；14.（　）（　）续续；15.（　）（　）总总；

16. （ ）（ ）捏捏；17. （ ）（ ）骊骊；18. （ ）（ ）荡荡；
19. （ ）（ ）诺诺；20. （ ）（ ）汤汤；21. （ ）（ ）艾艾；
22. （ ）（ ）正正；23. （ ）（ ）念念；24. （ ）（ ）白白；
25. （ ）（ ）当当；26. （ ）（ ）火火；27. （ ）（ ）白白；
28. （ ）（ ）我我；29. （ ）（ ）声声；30. （ ）（ ）火火。

♥♥♥ 答案链接 ♥♥♥→▶

▲ 1. 多多；2. 孜孜；3. 窃窃；4. 穰穰；5. 津津；6. 谆谆；
7. 莽莽；8. 沾沾；9. 咄咄；10. 咄咄；11. 夸夸；12. 依依；
13. 源源；14. 嗷嗷；15. 善善；16. 循循；17. 亭亭；18. 息息；
19. 振振；20. 头头；21. 苹苹；22. 花花；23. 落落；24. 滔滔；
25. 井井；26. 栩栩；27. 炭炭；28. 字字；29. 泱泱；30. 永永。
（以上文字分别与原有的文字组成30条"AABC"式叠字成语）。

▲ 1. 奕奕；2. 衮衮；3. 鼎鼎；4. 冥冥；5. 仆仆；6. 彬彬；
7. 翼翼；8. 勃勃；9. 霍霍；10. 霭霭；11. 皑皑；12. 沉沉；
13. 潇潇；14. 答答；15. 扬扬；16. 濯濯；17. 凿凿；18. 睽睽；
19. 旦旦；20. 铮铮；21. 汹汹；22. 忡忡；23. 天天；24. 耿耿；
25. 勃勃；26. 盘盘；27. 负负；28. 郁郁；29. 咄咄；30. 翩翩。
（以上文字分别与原有的文字组成30条"ABCC"式叠字成语）。

▲ 1. 鬼鬼；2. 战战；3. 乾乾；4. 三三；5. 轰轰；6. 磊磊；
7. 善善；8. 原原；9. 影影；10. 三三；11. 隐隐；12. 莺莺；
13. 勤勤；14. 断断；15. 林林；16. 扭扭；17. 洋洋；18. 浩浩；
19. 唯唯；20. 浩浩；21. 期期；22. 堂堂；23. 心心；24. 明明；
25. 平平；26. 风风；27. 清清；28. 卿卿；29. 口口；30. 红红。
（以上文字分别与原有的文字组成30条"AABB"式叠字成语）。

📖📖📖 1 月 29 日 ☞☞☞

29 ☺☺☺ 纠正错别字概括成语 ☺☺☺.

改错谜是故意将人们熟知的成语格言或诗词语句中的某一字或两字改换成别的字作为谜面,谜底是对谜面中之错作出的更正性或结论性词语,谜底要加用改、换、移、接、得、失、增、减等表性词。请先标出下列成语中的错别字,然后在其后填上一个相应的字来改正这个错别字,并组成一句准确概括这个错别字改正过程的成语,例如:天大物博(改天换地),等等。

1. 妙手独得; 2. 力壮山河; 3. 尸飞魄散; 4. 万象更故;
5. 珠花缭乱; 6. 邪中下怀; 7. 大谈作为; 8. 长小精悍;
9. 诛有应得; 10. 恶恶从长; 11. 七整八落; 12. 明察秋毫;
13. 入荷三分; 14. 贪官污木; 15. 里应里合; 16. 邪人君子;
17. 断口取义; 18. 身人志士; 19. 鸡飞蛋打; 20. 舌酣耳热。

♥♥♥ 答案链接 ♥♥♥→▶

1. 独,无独有偶; 2. 力,有气无力; 3. 尸,借尸还魂; 4. 故,吐故纳新; 5. 珠,有眼无珠; 6. 邪,改邪归正; 7. 谈,谈空说有; 8. 长,截长补短; 9. 诛,罪不容诛; 10. 恶恶,除恶扬善; 11. 整,化整为零; 12. 暗,弃暗投明; 13. 荷,移花接木。14. 木,削木为吏; 15. 里,里出外进; 16. 邪,舍邪归正; 17. 口,出口成章; 18. 身,杀身成仁; 19. 鸡,杀鸡取蛋; 20. 舌,酒入舌出。

📖📖📖 1 月 30 日 ☞☞☞

30 ☺☺☺ "之"字成语旗舰店(一) ☺☺☺.

请您填充下列"之"字成语,祝贺"之"字成语旗舰店开业大吉!
1. 三国之( ); 2. 癣疥之( ); 3. 鼎足之( );

4. 败军之（　）； 5. 池鱼之（　）； 6. 问罪之（　）；

7. 天作之（　）； 8. 小人之（　）； 9. 刎颈之（　）；

10. 自知之（　）；11. 无价之（　）；12. 无米之（　）；

13. 无耻之（　）；14. 无源之（　）；15. 无本之（　）；

16. 无稽之（　）；17. 不败之（　）；18. 不白之（　）；

19. 不义之（　）；20. 不治之（　）；21. 不速之（　）；

22. 犬马之（　）；23. 切肤之（　）；24. 中庸之（　）；

25. 灭顶之（　）；26. 可乘之（　）；27. 乌合之（　）；

28. 心腹之（　）；29. 权宜之（　）；30. 成人之（　）；

31. 回天之（　）；32. 先入之（　）；33. 先见之（　）；

34. 当务之（　）；35. 后顾之（　）；36. 后起之（　）；

37. 众失之（　）；38. 赤子之（　）；39. 多事之（　）；

40. 言外之（　）；41. 弦外之（　）；42. 丧家之（　）；

43. 漏网之（　）；44. 瓮中之（　）；45. 终天之（　）；

46. 城下之（　）；47. 栋梁之（　）；48. 独到之（　）；

49. 秦晋之（　）；50. 莫逆之（　）；51. 害群之（　）；

52. 惊弓之（　）；53. 嗟来之（　）；54. 欲加之（　）；

55. 患难之（　）；56. 弹丸之（　）；57. 强弩之（　）；

58. 乘人之（　）；59. 欺人之（　）；60. 破竹之（　）。

♥♥♥ 答案链接 ♥♥♥ → ▶

1. 音；2. 疾；3. 势；4. 将；5. 殃（或祸）；6. 师；7. 合；8. 心；9. 交；
10. 明；11. 宝；12. 饮；13. 尤；14. 水；15. 木；16. 谈；17. 地；
18. 冤；19 财；20. 症；21. 客；22. 劳；23. 庸；24. 道；25. 灾；
26. 机；27. 众；28. 患；29. 计；30. 美；31. 力；32. 见；
33. 明；34. 急；35. 忧；36. 秀；37. 的；38. 心；39. 秋；
40. 意；41. 音；42. 犬；43. 鱼；44. 鳖；45. 恨；46. 盟；
47. 材；48. 处；49. 好；50. 交；51. 马；52. 鸟；53. 食；
54. 罪；55. 交；56. 地；57. 末；58. 危；59. 谈；60. 势。

1 月 31 日

31 ☺☺☺ 趣填十二生肖大聚会成语（一）☺☺☺.

请您在下面成语的空方格内填补适当的字,组成12条4字成语,再观察一下,说一说您会有什么发现呢?

两□斗穴;鼷鼠食□;熊据□崎;狡□三窟;□章凤姿;

贪□忘尾;塞翁失□;□入虎口;猿□取月;鹤发□皮;

驴鸣□吠;一龙一□。

♥♥♥ 答案链接 ♥♥♥→▶

所填的字依次是:鼠;牛;虎;兔;龙;蛇;马;羊;猴;鸡;狗;猪。

发现:所填的字正好是按顺序排列的十二生肖动物名称,填补而组成为 12 条十二生肖接龙成语。

☺☺☺ 二月 ▶ ▶ ▶

成语游戏人生，从今天开始! ☞☞☞

📖📖📖 2月1日 ☞☞☞

32 ☺☺☺ 洋洋得意趣填 "羊年吉祥" 成语 ☺☺☺.

"洋"（羊）"洋"（羊）得意，不亦乐乎。请您在右面空方格中填上恰当的字，使每一横行都成为二条4字成语，且每一条成语均含有"羊"、"年"、"吉"、"祥"这4个字中指定的某一个字。（共16条成语。）

羊							羊
	年					年	
		吉			吉		
			祥	祥			
			祥	祥			
		吉			吉		
	年					年	
羊							羊

♥♥♥ 答案链接 ♥♥♥→▶

羊羔美酒，挂角羚羊，龟年寿鹤，人寿年丰，良辰吉日，少吉多凶，龙凤呈祥，祥麟瑞凤，和气致祥，祥风佳气，片羽吉光，趋吉避凶，忘年之交，五陵年少，羊落虎口，苏武牧羊。

📖📖📖 2月2日 ☞☞☞

33 ☺☺☺ 找朋友填充同义字组成语 ☺☺☺.

请您在下面括号内填充同义字组成4字成语。如：幸（灾）乐（祸），等等。

1. 奇（ ）怪（ ）；　2. 手（ ）足（ ）；　3. 旁（ ）侧（ ）；

4. 谨（ ）慎（ ）；　5. 能（ ）会（ ）；　6. 口（ ）笔（ ）；

7. 随（ ）逐（ ）；　8. 字（ ）句（ ）；　9. 虾（ ）蟹（ ）；

10. 清（ ）戒（ ）；11. 稀（ ）古（ ）；12. 歌（ ）颂（ ）；

13. 出（ ）拔（ ）；14. 引（ ）据（ ）；15. 日（ ）月（ ）；

16. 流（ ）蜚（ ）；17. 推（ ）助（ ）；18. 天（ ）地（ ）；

19. 指（ ）画（ ）；20. 披（ ）斩（ ）；21. 三（ ）五（ ）；

22. 丢（ ）弃（ ）；23. 赴（ ）蹈（ ）；24. 感（ ）戴（ ）；

25. 披（ ）挂（ ）；26. 节（ ）缩（ ）；27. 披（ ）戴（ ）；

28. 笨（ ）拙（ ）；29. 罪（ ）祸（ ）；30. 冥（ ）苦（ ）；

31. 并（ ）齐（ ）；32. 防（ ）杜（ ）；33. 沽（ ）钓（ ）；

34. 足（ ）多（ ）；35. 推（ ）拉（ ）；36. 风（ ）电（ ）；

37. 养（ ）处（ ）；38. 街（ ）巷（ ）；39. 凤（ ）麟（ ）；

40. 纲（ ）目（ ）；41. 含（ ）茹（ ）；42. 星（ ）棋（ ）；

43. 废（ ）忘（ ）；44. 察（ ）观（ ）；45. 祸（ ）殃（ ）；

46. 风（ ）云（ ）；47. 山（ ）水（ ）；48. 妻（ ）子（ ）；

49. 穷（ ）极（ ）；50. 呼（ ）唤（ ）；51. 涂（ ）抹（ ）；

52. 提（ ）吊（ ）；53. 移（ ）倒（ ）；54. 山（ ）水（ ）；

55. （ ）疾（ ）医；56. （ ）弦（ ）辙；58. 吹（ ）求（ ）；

58. （ ）纲（ ）领；59. 移（ ）易（ ）；60. 捕（ ）捉（ ）；

61. （ ）风（ ）雨；62. （ ）云（ ）雾；63. 时（ ）俗（ ）；

64. （ ）天（ ）地；65. （ ）江（ ）海；66. 防（ ）杜（ ）；

67. （ ）天（ ）地。

♥♥♥ 答案链接 ♥♥♥→▶

1. 形，状；　2. 舞，蹈；　3. 敲，击；　4. 小，微；　5. 说，道；
6. 诛，伐；　7. 波，流；　8. 斟，酌；　9. 兵，将；　10. 规，律；
11. 奇，怪；　12. 功，德；　13. 类，萃；　14. 经，典；　15. 积，累；
16. 言，语；　17. 波，澜；　18. 崩，裂；　19. 手，脚；　20. 荆，棘；
21. 令，申；　22. 盔，甲；　23. 汤，火；　24. 恩，德；　25. 红，绿；
26. 衣，食；　27. 星，月；　28. 嘴，舌；　29. 魁，首；　30. 思，想；
31. 驾，驱；　32. 微，渐；　33. 名，誉；　34. 智，谋；　35. 枯，朽；
36. 驰，掣；　37. 尊，优；　38. 谈，议；　39. 毛，角；　40. 举，张；
41. 辛，苦；　42. 罗，布；　43. 寝，食；　44. 言，色；　45. 国，民；
46. 起，涌；　47. 穷，尽；　48. 离，散；　49. 凶，恶；　50. 风，雨；
51. 脂，粉；　52. 心，胆；　53. 山，海；　54. 穷，尽；　55. 讳，忌；
56. 改，易；　57. 毛，疵；　58. 提，挈；　59. 天，日；　60. 风，影；
61. 呼，唤；　62. 腾，驾；　63. 移，易；　64. 翻，覆；　65. 翻，倒；
66. 微，渐；　67. 呼，抢。

📖📖📖 2月3日 ☞☞☞

34 ☺☺☺ 网络语言"虫语"中的成语 ☺☺☺

随着网络时代的到来和发展，让地球缩小为一个"地球村"，村民叫做"网民"，"网民"中四肢特勤者则叫做"网虫"。"网虫"是由书虫进化而来的一个"物种"，在同一"地球村"，在同一蓝天下，"网虫"神通广大手眼通天，专门吃同类通过因特网喂给的各类信息、资讯、爱情、表情、笑话等。他（她）们往往通过表情符号在网海传递情感信息；他（她）们在一"键"（见）钟情后虚拟人生爱情随即结婚；他（她）们通过缩略语加速网络交流，丰富网络词汇，推进网络文化，冲击传统语言，发展网络语言，增添生活乐趣，使网络语言更有趣，内涵更丰富多元，他（她）们的网络交流往往有一套特定的网络语言——"虫语",这一网络流行语言又叫做"汗"语言。下面这些表情符号(或脸谱符号)和缩略语都是网络语言"虫语"(网络时代的"汗"语言),请把这些"虫语"翻译成成语。

1. : —0: ; 2. : —o: ; 3. : —/; 4. : —D; 5. : —@; 6. ^Q^; 7. >: —<; 8. ;-); 9. sjgh; 10. 坑爹; 11. F2F: (face to face) 或 FTF: (Face to face); 12. 你懂的; 13. OIC: Oh, I see; 14. ~~: —; 15. ~~~~~>_<~~~~ 或 "55555……,wuwuwu……"; 16. TNX, 3X: Thanks; 17. o -)﹝ 或 * - (﹞; 18. 8384; 19. 8006; 20. 3355; 21. 1217; 22. 2233(3322); 23. 1314; 24. bullshit, shit; 25. sorryass; 26. BXCM; 27. NNLS (XDJM 或 "青蛙恐龙"、"菌男霉女"); 28. PLMM (GSTX, JDJR 或 "恐龙"、"霉﹝美﹞女"); 29. 神马都是浮云; 30. 水手; 31. 呼呼,猪猪; 32. LOL(Laugh Out Loud); 33. SM (Sadism&Masochism); 34. 超; 35. 躺着也能中弹; 36. JJZZ(JJWW); 37. 无厘头; 38. 糗; 39. 拽; 40. 乌龙。

♥♥♥ 答案链接 ♥♥♥➜▶

1. 恍然大悟; 2. 目瞪口呆; 3. 犹豫不决; 4. 开怀大笑; 5. 大吃一惊; 6. 笑容满面; 7. 怒发冲冠; 8. 回眸一笑百媚生(嫣然一笑); 9. 唉声叹气; 10. 坑蒙拐骗; 11. 面面相觑; 12. 心照不宣; 13. 心领神会; 14. 气急败坏; 15. 失声恸哭(潸然泪下); 16. 千恩万谢; 17. 独具只眼(别具只眼); 18. 不三不四; 19. 不瞅不睬; 20. 三三五五; 21. 妖里妖气; 22. 两两三三(三三两两); 23. 一生一世; 24. 胡说八道; 25. 不屑一顾; 26. 冰雪聪明; 27. 男女老少("兄弟姐妹"或"俊男美女"); 28. 国色天香(绝代佳人); 29. 不值一提; 30. 芸芸众生(浮云水版)或"一切众生"; 31. 酣然入睡; 32. 哄堂大笑; 33. 丧心病狂; 34. 超乎寻常; 35. 飞来横祸(突如其来); 36. 叽叽喳喳﹝唧唧喳喳﹞,(叽叽歪歪); 37. 莫明(名)其妙; 38. 丑态百出; 39. 骄傲自满(自高自大); 40. 一时糊涂。

📖📖📖 **2月4日** 👓👓👓

35 ☺☺☺ **读诗词，猜成语** ☺☺☺.

请您读一读下列诗词妙语，并分别根据这些诗词妙语各猜射相应的成语。

1. 在天愿作比翼鸟，在地愿为连理枝。
　　　　　　　　——［唐·白居易诗歌《长恨歌》］

2. 两岸青山相对出，孤帆一片日边来。
　　　　　　　　——［唐·李白《望天门山》］

3. 满园春色关不住，一枝红杏出墙来。
　　　　　　　　——［宋·叶绍翁诗《游小园不值》］

4. 春蚕到死丝方尽，蜡炬成灰泪始干。
　　　　　　　　——［唐·李商隐七言律诗《无题》］

5. 昔人已乘黄鹤去，此地空余黄鹤楼。
　　　　　　　　——［唐·崔颢七言律诗《黄鹤楼》］

6. 春潮带雨晚来急，野渡无人舟自横。
——［唐·韦应物诗《韦苏州集（四部丛刊）本·滁州西涧》］

7. 山重水复疑无路，柳暗花明又一村。
　　　　　　　　——［南宋·陆游《剑南诗稿·游山西村》］

8. 酒债寻常行处有，人生七十古来稀。
　　　　　　　　——［宋·赵令畤《侯鲭录》引苏轼诗］

9. 不识庐山真面目，只缘身在此山中。
　　　　　　　　——［北宋·苏轼《题西林壁》］

10. 天生我材必有用，千金散尽还复来。
　　　　　　　　——［唐·李白诗《乐府·将进酒》］

11. 两个黄鹂鸣翠柳，一行白鹭上青天。
　　　　　　　　——［唐·杜甫诗《绝句》］

12. 春城无处不飞花，花谢花飞飘满天。
　　　　　　　　——［清·曹雪芹《红楼梦·葬花词》］

13. 三十功名尘与士，八千里路云和月。

　　　　　　　　——［南宋·岳飞词《满江红》］

14. 远上寒山石径斜，白云深（生）处有人家。

　　　　　　　　——［唐·杜牧诗《樊川集·山行》］

15. 儿童相见不相识，笑问客从何处来。

　　　　　　　　——［唐·贺知章诗《回乡偶书》］

16. 解名尽处是孙山，贤郎更在孙山后。

　　　　　　　　——［北宋·范公偁《过庭录》］

17. 死去元知万事空，但悲不见九州同。

　　　　　　　　——［南宋·陆游《题放翁卷后·示儿》］

18. 借问酒家何处有？牧童遥指杏花村。

　　　　　　　　——［唐·杜牧诗《清明》］

19. 天长地久有时尽，此恨绵绵无绝期。

　　　　　　　　——［唐·白居易七言古诗《长恨歌》］

20. 后宫佳丽三千人，三千宠爱在一身。

　　　　　　　　——［唐·白居易七言古诗《长恨歌》］

21. 别有幽愁暗暗恨生，此时无声胜（复）有声。

　　　　　　　　——［唐·白居易诗《琵琶行并序》］

22. 座中泣下谁最多，江州司马青衫湿。

　　　　　　　　——［唐·白居易诗《琵琶行并序》］

23. 同是天涯沦落人，相逢何必曾相识！

　　　　　　　　——［唐·白居易诗《琵琶行并序》］

24. 朝辞白帝彩云间，千里江陵一日还。

　　　　　　　　——［唐·李白诗《早发白帝城》］

25. 山外青山楼外楼，西湖歌舞几时休？

　　　　　　　　——［南宋·林升诗《题临安邸》］

26. 若把西湖比西子，淡妆浓抹总相宜。

　　　　　　　　——［宋·苏轼诗《饮湖上初晴后雨二首》］

27. 枝上柳绵吹又生，天涯何处无芳草。

———[宋·苏轼词《蝶恋花]

28. 战退玉龙三百万，败鳞残甲满空飞。
———[宋·蔡絛《西清诗话》引张元《咏雪》诗]

29. 沉舟侧畔千帆过，病树前头万木春。
———[唐·刘禹锡诗《酬乐天扬州初逢席上见赠》]

30. 无边落木潇潇下，不尽长江滚滚来。
———[唐·杜甫七言律诗《登高》]

31. 剪不断，理还乱，是离愁，别是一番滋味在心头。
———[五代十国时南唐·后主李煜《南唐二主词·相见欢》词句]

32. 相顾无言，唯有泪千行。
———[北宋·苏轼《卜算子》词句]

33. 莫等闲，白了少年头，空悲切。
———[南宋·岳飞词《满江红》]

34. 安得广厦千万间，大庇天下寒士俱欢颜。
———[唐·白居易《茅屋为秋风所破歌》]

35. 知之为知之，不知为不知，是知也。
———[春秋鲁国·孔子《论语》]

36. 运筹策帷幄之中，决胜于千里之外。
———[西汉·司马迁《史记·高祖本纪》]

37. 问君能有几多愁？恰似一江春水向东流。
———[五代十国时南唐·后主李煜《南唐二主词·虞美人》词句]

38. 谁知盘中餐，粒粒皆辛苦。
———[唐·李绅诗《悯农》]

39. 朱门酒肉臭，路有冻死骨。
———[唐·杜甫诗《自京赴奉先县咏怀五百字》]

40. 但愿人长久，千里共婵娟。
———[宋·苏轼词《水调歌头·明月几时有》]

41. 大漠孤烟直，长河落日圆。
———[唐·王维诗《使至塞上》]

42．长安一片月，万户捣衣声。

　　　　　——［唐·李白诗《乐府·子夜吴歌》］

43．欲穷千里目，更上一层楼。

　　　　　——［唐·王之涣诗《登鹳雀楼》］

44．读书破万卷，下笔如有神。

　　　　　——［唐·杜甫诗《奉赠韦左丞文》］

45．待到重阳时，还来就菊花。

　　　　　——［唐·孟浩然诗《过故人庄》］

46．打起黄莺儿，莫叫枝上啼。

　　　　　——［唐·金昌绪五言绝句诗《春怨》］

47．夜来风雨声，花落知多少。

　　　　　——［唐·孟浩然五言绝句诗《春晓》］

48．野火烧不尽，春风吹又生。

　　　　　——［唐·白居易诗《赋得古原草送别》］

49．花间一壶酒，独酌无相亲。举杯邀明月，对影成三人。

　　　　　——［唐·李白五言古诗《月下独酌》］

50．随风潜入夜，润物细无声。

　　　　　——［唐·杜甫诗《春夜喜雨》］

♥♥♥ 答案链接 ♥♥♥➔▶

1．非分之想，［解析：谜底"分"别读为 fen（-阴平声调），即"分开"之义，谜面扣出谜底：不愿分开之想法（即"非分之想"），充分表达了唐明皇对杨贵妃的思念之情］；2．独往独来；3．漏泄春光，花枝招展，对外开放（新词语）；4．不绝如缕，鞠躬尽瘁，死而后已；5．空中楼阁；6．无人问津，放荡不羁；7．豁然开朗；8．少年老成，男女老少；9．身临其境，进退维谷；10．无中生有，自顾不暇，以文补文；11．有声有色，不知所云；12．谢天谢地，落英缤纷；13．天马行空；14．空中楼阁；15．告老还乡；16．比下有余，后继无人；17．光怪陆离；18．花枝招展；19．浩气长存；

20. 得天独厚；21. 弦外之音，妙不可言；22. 一衣带水；23. 一见如故；24. 朝发夕至，早出晚归；25. 层出不穷；26. 两全其美；27. 不毛之地，春回大地；28. 天花乱坠，冰天雪地；29. 绝处逢生；30. 飞黄腾达，川流不息；31. 难舍难分，千头万绪；32. 泣不成声，（解析：谜底"不成声"，别解为不说话，意扣"相顾无言"，"唯有泪千行"扣"泣"）；33. 鹤发童颜，似水流年；34. 各得其所，畅所欲言；35. 实事求是；36. 计出万全，计无所出；37. 对答如流；38. 含辛茹苦；39. 天壤之别；40. 非分之想，重归于好，皓月当空；41. 风平浪静，（解析："孤烟直"即是无风，扣出"风平"，"长河落日圆"说明水面平静无浪，故扣"浪静"）；42. 不见天日，（解析：别解为"长期安放"），打成一片43. 高瞻远瞩，高视阔步，上新台阶（新词语）；44. 书生气十足，神来之笔（卷帘格谜）；45. 后会有期；46. 一鸣惊人；47. 下落不明；48. 绝处逢生；49. 唯我独尊，个人包干（新词语）；50. 潜移默化。

📖📖📖 **2月5日** ☞☞☞

36 ☺☺☺ "我"的地盘"我"做主 ☺☺☺.

猜成语人物漏字谜：不少成语中直接含有成语主角人物，如："女娲补天"、"孟母三迁"，等等。酷"我"地带，唯"我"独尊，请在下列"炫酷忠义榜"的各条成语的空方格地盘内分别填入适当的成语主角人物称谓、姓氏或成语主角人物简称、代名称及职官名称，使之都一一组成完整的主角人物成语，创建成语"108"好汉群。

1. □□梦蝶；　2. 错认□□；　3. 唐突□□；　4. □□移山；

5. □谋□断；　6. □□追日；　7. 压倒□□；　8. 名落□□；

9. 助□为虐；　10. □□复国；　11. □□失马；　12. □□效颦；

13. □□再造；　14. □□自荐；　15. □□杀人；　16. □□革命；

17. □□割席；　18. □□绝弦；　19. □□救父；　20. 吴下□□；

21．刻画□□；22．□□才尽；23．□门弄斧；24．□规□随；

25．□□之愿；26．□□填海；27．重作□□；28．前度□□；

29．□□凿井；30．□□十索；31．羞与□伍（与□为伍）；

32．□□射日；33．□□衣冠；34．顾曲□□；35．□□避面；

36．助□为暴；37．□□好龙；38．□之癖；39．□囊羞涩；

40．□□之交；41．相惊□□；42．月里□□；43．□□吹竽；

44．□□之德；45．□□千种；46．□天□日（□日□天）；

47．海外□□；48．南□北□；49．才过□□；50．立雪□门；

51．"□□"（梁鸿和孟光）〔（梁 鸿）案相庄（举案齐眉）〕；

52．□工□速；53．□□将兵；54．阳儒阴□；55．逢人说□；

56．□席□突；57．□□尝草；

58．□□□方（东汉陈寔之的两个儿子名字）；

59．□□（东汉时陈登的字）豪气；60．□□高卧；

61．□□锦障；62．□□鬼馁；63．□肥□瘦；64．□□饶舌；

65．□真□草；66．衙官□□；67．天壤□□；68．□江□海；

69．□□牧羊；70．丝绣□□；71．不□不□；72．久怀慕□；

73．□□胶漆；74．□璧隋珠；75．□□问天；76．□黄□紫；

77．□骨□筋；78．请诛□□；79．□□别□；80．坐无□□；

81．□艳□香；82．生□熟□；83．□□青衫；84．□梨蒸食；

85．□□小人；86．□□亡羊；87．□□之仁；88．□□心计；

89．金屋藏□；90．□□无儿；91．一□已足；92．□父□母；

93．□□新寡；94．请自□起；95．□□神伤；

96．富埒□□，赀巨□□；97．□轻□俗，□寒□瘦；

98．说到□□，□□就到；99．三个臭皮匠，合成一个□□□；

100．蜀中无大将，□□作先锋；101．□□吃酒□□醉；

102．□顾左右而言他；103．成也□□，败也□□；

104．□□□钓鱼，愿者上钩；105．□□不死，鲁难未已；

106．□□□之心，路人皆知；107．□□舞剑，意在□□；

108．□□过海，各显神通。

♥♥♥ 答案链接 ♥♥♥→▶

1. 庄周梦蝶；2. 错认颜标；3. 唐突西施；4. 愚公移山；5. 房 (房玄龄) 谋杜 (杜如晦) 断；6. 夸父追日；7. 压倒元 (元稹) 白 (白居易)；8. 名落孙山；9. 助纣为虐；10. 田单复国；11. 塞 翁失马；12. 东施效颦；13. 华佗再造；14. 毛遂自荐；15. 曾参 杀人；16. 汤武革命；17. 管宁割席；18. 钟期绝弦；19. 缇萦救 父；20. 吴下阿蒙 (吕蒙)；21. 刻画无盐；22. 江郎 (江淹) 才尽；23. 班 (鲁班) 门弄斧；24. 萧 (萧何) 规曹 (曹参) 随；25. 向平 (向长，字子平) 之愿；26. 精卫填海；27. 重作冯妇；28. 前度刘郎 (刘晨)；29. 丁公凿井；30. 丁娘十索；31. 羞与哙 (樊哙) 伍 (与哙为伍)；32. 后羿射日；33. 优孟衣冠；34. 顾曲周郎 (周瑜)；35. 尹邢避面；36. 助桀为暴；37. 叶公 (沈诸梁，字子高) 好龙；38. 季常 (陈季常) 之癖；39. 阮 (阮孚) 囊羞涩；40. 管 (管仲) 鲍 (鲍叔牙) 之交；41. 相惊伯有 (良宵)；42. 月里嫦娥；43. 南郭吹竽；44. 曹邱 (曹邱生) 之德；45. 尧舜千种；46. 尧天舜日 (舜日尧天)；47. 海外东坡；48. 南阮 (晋阮籍阮咸) 北阮；49. 才过屈 (屈原) 宋 (宋玉)；50. 立雪程 (程颐) 门；51. "梁孟" (梁鸿和孟光) [鸿 (梁鸿) 案相庄 (举案齐眉)]；52. 马 (司马相如) 工枚 (枚皋) 速；53. 韩信将兵；54. 阳儒阴释 (释迦牟尼)；55. 逢人说项 (项斯，唐朝人)；56. 孔 (孔子) 席墨 (墨子) 突；57. 神农尝草；58. 元方 (陈纪，字元方) 季方 (陈谌，字季方)；59. 元龙豪气；60. 元龙高卧；61. 季伦 (晋石崇之字) 锦障；62. 若敖 (若敖氏) 鬼馁；63. 环 (杨玉环) 肥燕 (赵飞燕) 瘦；64. 丰干饶舌；65. 羊 (羊欣) 真孔 (孔琳) 草；66. 衔官屈宋 (屈原、宋玉)；67. 天壤王郎 (王羲之之子王凝之)；68. 潘 (潘岳) 江陆 (陆机，两人均是晋朝文学家) 海；69. 苏武牧羊；70. 丝绣平原 (战国时赵国平原君赵胜)；71. 不夷 (殷末周初伯夷) 不惠 (春秋鲁国柳下惠)；72. 久怀慕蔺 (蔺相如)；73. 雷 (雷义) 陈 (陈重) 胶漆；74. 和 (卞和) 璧隋珠；75. 屈原问天；76. 姚黄魏 (魏仁溥) 紫；77. 柳 (柳公权) 骨颜 (颜真卿)筋;78. 请诛晁错;79. 霸王 (项羽) 别姬 (虞姬);80. 坐无车公 (车胤);81. 屈 (屈原) 艳班 (班固) 香;82. 生张 (张八) 熟魏 (魏三);83. 司马 (江州司马白居易) 青衫;84. 哀 (哀仲) 梨蒸食;85. 臧仓小人;86. 臧谷亡羊;87. 宋襄 (宋襄公) 之仁;88. 研 (计研, 范蠡的老师) 桑 (桑弘羊) 心计;89. 金屋藏娇 (阿娇);90. 伯道 (邓攸的字) 无儿;91. 一夔 (虞舜时乐官) 已足;92. 召 (召信臣) 父杜 (杜诗) 母;93. 文君 (卓文君) 新寡;94. 请自隗 (战国时的郭隗) 起;95. 奉倩 (三国时荀粲的字) 神伤;96. 富埒陶 (春秋时陶朱公范蠡) 白 (战国时大商人白圭), 赀巨程 (程郑) 罗 (罗褒, 二人均是富家);97. 元 (元稹) 轻白 (白居易) 俗, 郊 (孟郊) 寒岛 (贾岛) 瘦;98. 说到曹操, 曹操就到;99. 三个臭皮匠, 合成一个诸葛亮;100. 蜀中无大将, 廖化作先锋;101. 张公吃酒李公醉;102. 王 (齐宣王) 顾左右而言他;103. 成也萧何, 败也萧何;104. 姜太公 (吕尚, 姜子牙) 钓鱼, 愿者上钩;105. 庆父不死, 鲁难未已;106. 司马昭之心, 路人皆知;107. 项庄舞剑, 意在沛公;108. 八仙 (汉钟离、张果老、韩湘子、铁拐李、吕洞宾、曹国舅、蓝采和、何仙姑) 过海, 各显神通。

📖📖📖 2月6日 ☞☞☞

37 ☺☺☺ 巧填数字算式组成语 ☺☺☺.

请您在下面图中的每个空格内各填入一个数字，使之横向看第一、三横行都可以组成为4条准确的"加减乘除"算式，竖向看每隔一竖行都是一条有趣的4字成语（可组成13条成语）。

□＋□＋□＝□－□－□＝□×□×□＝□÷□÷□＝□
平 ✠ 洲 ✠ 穷 ✠ 战 ✠ 心 ✠ 分 ✠ 峥 ✠ 日 ✠ 心 ✠ 六 ✠ 倡 ✠ 朝 ✠ 杀

□＋□＋□＝□－□－□＝□×□×□＝□÷□÷□＝□
稳 ✠ 海 ✠ 白 ✠ 胜 ✠ 意 ✠ 裂 ✠ 浴 ✠ 秋 ✠ 意 ✠ 等 ✠ 叹 ✠ 夕 ✠ 宥

♥♥♥ 答案链接 ♥♥♥ → ▶

四＋五＋一＝十－三－四＝三×一×一＝三÷一÷一＝三
平 ✠ 洲 ✠ 穷 ✠ 战 ✠ 心 分 ✠ 峥 ✠ 日 ✠ 心 ✠ 六 ✠ 倡 ✠ 朝 ✠ 杀

四＋四＋二＝十－二－五＝三×三×一＝九÷三÷一＝三
稳 ✠ 海 ✠ 白 ✠ 胜 意 ✠ 裂 ✠ 浴 ✠ 秋 ✠ 意 ✠ 等 ✠ 叹 ✠ 夕 ✠ 宥

📖📖📖 2月7日 ☞☞☞

38 ☺☺☺ "天"字成语"天""天"见 ☺☺☺.

下面的四组成语中每一条成语都有一个"天"字，请您根据它的不同位置，分别填入恰当的"天"字。

1. （ ）花乱坠；（ ）经地义；（ ）诛地灭；（ ）长地久；
   （ ）荒地老；（ ）罗地网；（ ）崩地裂；（ ）昏地暗；
   （ ）翻地覆；（ ）渊之别；（ ）涯海角；（ ）衣无缝。

2. 改（ ）换地；偷（ ）换日；光（ ）化日；悲（ ）悯人；
   听（ ）由命；滔（ ）大罪；得（ ）独厚；乐（ ）知命；

怨（　）尤人；普（　）同庆；欢（　）喜地；伤（　）害理。

3. 巧夺（　）工；别有（　）地；暗无（　）日；咫尺（　）涯；
异想（　）开；重见（　）日；暴殄（　）物；丧尽（　）良；
石破（　）惊；雨后（　）晴；海阔（　）空；国色（　）香。

4. 坐井观（　）；抱恨终（　）；烽火连（　）；叫苦连（　）；
胆大包（　）；杞人忧（　）；无法无（　）；人定胜（　）；
热火朝（　）；不共戴（　）；一步登（　）；一手遮（　）。

♥♥♥ 答案链接 ♥♥♥→▶

第一组第 1 个字全填"天"字；第二组第 2 个字全填"天"字；
第三组第 3 个字全填"天"字；第四组第 4 个字全填"天"字。

📖📖📖 2月8日 ☞☞☞

39 ☺☺☺ 填"然"字成语知其所以"然" ☺☺☺.

　　"然"字作词尾（后缀）的词叫做"然"尾词。"然"尾词以
形容词为最多，副词次之，此外还有微量的连词和名词。"然"尾
词其中有一类成语结构特点是：形容词＋后缀"然"字。"然"氏
家族兄弟多，兄弟意思各不同，辨别认证有必要，以防万一认错人。
请您在下列成语的"然"字前面的方格内填上适当的字，使它们绝
大部分组成"然"尾形容词成语词组，并深刻理解每条成语的具体
含义，更要知其所以"然"。（温馨提示：要求所填的字可以重复。）

1. □然成风；　2. □然大悟；　3. □然屹立；　4. □然无声；
5. □然开朗；　6. □然回眸；　7. □然违抗；　8. □然置之；
9. □然不顾；　10. □然起敬；　11. □然惊叹；　12. □然自得；
13. □然若揭；　14. □然命笔；　15. □然而去；　16. □然在目；
17. □然不动；　18. □然一笑；　19. □然而止；　20. □然自得；
21. □然长鸣；　22. □然一身；　23. □然不同；　24. □然无知；

25. □然霞举；26. □然若失；27. □然挺立；28. □然如故；

29. □然大波；30. □然正气；31. □然自若；32. □然处之；

33. □然惊醒；34. □然而至；35. □然故我；36. □然失笑；

37. □然而视；38. □然大物；39. □然神伤；40. □然销魂；

41. □然无恙；42. □然失色；43. □然有序；44. □然不同

45. □然无存；46. □然大怒；47. □然一新；48. □然冰释

49. □然一体；50. □然肯来；51. □然而生；52. □然神伤；

53. □然变色；54. □然起敬；55. □然作云；56. □然寡味；

57. □然许诺；58. □然之气；59. □然回首；60. □然□然；

61. □然而然；62. □然而立；63. □然之选；64. □然自得；

65. □然相对；66. □然屹立；67. □然自若；68. □然离去；

69. □然若失；70. □然袭击；71. □然加剧；72. □然如故；

73. □然挺进；74. □然挺立；75. □然不动；76. □然醒目；

77. □然大怒；78. □然心动；79. □然一笑；80. □然置之；

81. □然人面；82. □然泪下；83. □然无知；84. □然物外；

85. □然而生；86. □然入梦；87. □然一笑；88. □然相反；

89. □然改进；90. □然改图；91. □然悔悟；92. □然纸上；

93. □然独处；94. □然若失；95. □然举首；96. □然理顺；

97. □然悔悟；98. □然置之；99. □然一片；100. □然寡味；

101. □然贯通；102. □然独处 103. □然在列；104. 兴趣□然；

105. □然大怒；106. □然长逝；107. □然离去；108. □然超群；

109. □然天成；110. □然不顾；111. □然无惧；112. □然一笑；

113. 足音□然；114. 春意□然；115. 为之□然；116. 满目□然；

117. 毛骨□然；118. 大谬□然；119. 听其□然；120. 文采□然；

121. 环堵□然；122. 防患□然；123. 不以□然；124. 兴趣□然；

125. 资财□然；126. 大义□然；127. 望之□然；128. 一目□然；

129. 生机□然；130. 道貌□然；131. 处之□然；132. 理所□然；

133. 处之□然；134. 想□然；135. 知□然，不知其所□然；

136. 习惯成□然；137. 不□然□然；138. 功到□然成。

♥♥♥ 答案链接 ♥♥♥ →▶

1. 蔚然成风；2. 恍然大悟；3. 巍然屹立；4. 寂然无声；
5. 豁然开朗；6. 蓦然回眸；7. 公然违抗；8. 漠然置之；
9. 全然不顾；10. 肃然起敬；11. 愕然惊叹；12. 怡然自得；
13. 昭然若揭；14. 欣然命笔；15. 飘然而去；16. 赫然在目；
17. 岿然不动；18. 嫣然一笑；19. 戛然而止；20. 悠然自得；
21. 戛然长鸣；22. 孑然一身；23. 截然不同；24. 茫然无知；
25. 轩然霞举；26. 茫然若失；27. 昂然挺立；28. 依然如故；
29. 轩然大波；30. 凛然正气；31. 泰然自若；32. 泰然处之；
33. 猛然惊醒；34. 翩然而至；35. 依然故我；36. 哑然失笑；
37. 傲然而视；38. 庞然大物；39. 黯然神伤；40. 黯然销魂；
41. 安然无恙；42. 黯然失色；43. 井然有序；44. 迥然不同；
45. 荡然无存；46. 勃然大怒；47. 焕然一新；48. 涣然冰释；
49. 浑然一体；50. 惠然肯来；51. 油然而生；52. 黯然神伤；
53. 勃然变色；54. 肃然起敬；55. 油然作云；56. 索然寡味；
57. 慨然许诺；58. 浩然之气；59. 蓦然回首；60. 毅然决然；
61. 自然而然；62. 蹴然而立；63. 卓然之选；64. 悦然自得；
65. 坦然相对；66. 巍然屹立；67. 坦然自若；68. 悄然离去；
69. 惘然若失；70. 突然袭击；71. 骤然加剧；72. 依然如故；
73. 贸然挺进；74. 屹然挺立；75. 屹然不动；76. 赫然醒目；
77. 勃然大怒；78. 怦然心动；79. 淡然一笑；80. 淡然置之；
81. 觍然人面；82. 潸然泪下；83. 懵然无知；84. 超然物外；
85. 油然而生；86. 酣然入梦；87. 粲然一笑；88. 截然相反；
89. 翻然改进；90. 翻然改图；91. 翻然悔悟；92. 跃然纸上；
93. 超然独处；94. 爽然若失；95. 褰然举首；96. 怡然理顺；
97. 猛然悔悟；98. 淡然置之；99. 哗然一片；100. 索然寡味；
101. 豁然贯通；102. 块然独处；103. 赫然在列；104. 兴趣盎然；
105. 赫然大怒；106. 溘然长逝；107. 怅然离去；108. 卓然超群；
109. 妙然天成；110. 悍然不顾；111. 坦然无惧；112. 粲然一笑

113. 足音跫然；114. 春意盎然；115. 为之哗然；116. 满目萧然；
117. 毛骨悚然；118. 大谬不然；119. 听其自然；120. 文采粲然；
121. 环堵萧然；122. 防患未然；123. 不以为然；124. 兴趣索然；
125. 资财荡然；126. 大义凛然；127. 望之俨然；128. 一目了然；
129. 生机盎然；130. 道貌岸然；131. 处之恬然；132. 理所当然；
133. 处之泰然；134. 想当然；135. 知其然，不知其所以然；
136. 习惯成自然；137. 不期然而然；138. 功到自然成。

📖📖📖 2月9日 🍃🍃🍃

40 ☺☺☺ 根据文字位置猜成语谜 ☺☺☺.

您能根据下图中 16 个文字所处的东西南北或上下左右的位置
特点猜射出 8 条 4 字成语来吗？

战	雨	心	智
顾	盼	风	愚
走	漏	心	奔
击	湿	征	声

♥♥♥ 答案链接 ♥♥♥→▶

南征北战，东奔西走，上下同心，声东击西，
上雨旁风，上智下愚，上漏下湿，左顾右盼。

📖📖📖 2月10日 🍃🍃🍃

41 ☺☺☺ 摆长蛇阵趣填 "蛇" 字语词 ☺☺☺.

笔走龙蛇，笔底生花，摆长蛇阵。请您挥笔在下图的空方格内
填入适当的字，使之组成 20 条含有 "蛇" 字的 4 字成语，以此欢

度新春并庆祝癸巳蛇年的到来。

			蛇	蛇			
		蛇			蛇		
	蛇					蛇	
蛇							蛇
蛇							蛇
蛇							蛇
蛇							蛇
	蛇					蛇	
		蛇			蛇		
			蛇	蛇			

♥♥♥ 答案链接 ♥♥♥ → ▶

拔草寻蛇，蛇欲吞象，杯弓蛇影，龙蛇飞动，一蛇二首，虎头蛇尾，
蛇蝎为心，封豕长蛇，蛇心佛口，笔走龙蛇，虺(虺即是小蛇) 蛇入梦，
打草惊蛇，蛇蛇硕言，春蚓秋蛇，画蛇添足，牛鬼蛇神，龙头蛇尾，
握蛇骑虎，虚与委蛇，蛇蝎之乡。

📖📖📖 **2 月 11 日** ☞☞☞

[42] ☺☺☺ **最牛人趣填"牛"字成语群** ☺☺☺.

"俯首甘为孺子牛"，小试牛刀，牛气冲天。请您在下图的空
方格里填入适当的字，使之每一横行横向读可以组成为 16 条包含
有"牛"字的 4 字成语。

			牛	牛			
		牛			牛		
	牛					牛	
牛							牛
牛							牛
	牛					牛	
		牛			牛		
			牛	牛			

♥♥♥ 答案链接 ♥♥♥→▶

目	无	全	牛	牛	刀	小	试
多	如	牛	毛	童	牛	角	马
老	牛	舐	犊	气	冲	牛	斗
牛	郎	织	女	气	喘	如	牛
牛	衣	对	泣	归	马	放	牛
汗	牛	充	栋	殷	师	牛	斗
茧	丝	牛	毛	如	牛	负	重
疱	丁	解	牛	牛	鼎	烹	鸡

 2月12日 ☞☞☞

43 ☺☺☺ 咏兔诗与成语典故 ☺☺☺.

下面是一组咏兔诗，诗中含有 11 条关于兔子的成语、典故和常用词语，请您在 3 分钟内把这些成语、典故和常用词语一一列举出来，好吗？赶快寻觅我们的"兔"（宝宝）吧！

（一）痛心疾首改前非，正果修成下界回。谨慎长怀别撞树，谦虚永记不输龟。

（二）捣药蟾宫伴二神，耳长尾短口三分。从来不动窝边草，变换新居善保身。

（三）照他几许人肠断，玉兔银蟾远不如。

（四）飞鸟尽，良弓藏；狡兔死，走狗烹。

（五）捷足享誉五颗星，轮换三窟显灵性。体弱含冤曾喂虎，情急启智也蹬鹰。

（六）今日油烹碯彻，正所谓兔死狐悲。

（七）行人自是心如火，兔走乌飞不觉长。

（八）金乌长飞玉兔走，青鬓长青古无有。

♥♥♥ 答案链接 ♥♥♥→▶

1. 守株待兔；2. 龟兔赛跑；3. 玉兔捣蒜；4. 狡兔三窟；

5. 玉兔银蟾；6. 兔子蹬鹰；7. 兔死狗烹；8. 兔死狐悲；

9. 兔子尾巴长不了；10. 乌飞兔走；11. 兔子不吃窝边草。

📖📖📖 2月13日 ☞☞☞

44 ☺☺☺ 扬虎威克隆"虎"字成语（二）☺☺☺.

龙腾虎跃，虎虎生威。请您在下列空格内填上恰当的字，使之横向读组成22条带有"虎"字的4字成语。

			虎					虎		
		虎	虎虎虎 ✿ 虎虎虎 ✿ 虎虎虎						虎	
	虎									虎
虎					虎	虎				虎
	虎			虎			虎		虎	
		虎		虎				虎	虎	
			虎	虎				虎	虎	

♥♥♥ 答案链接 ♥♥♥→▶

三	人	成	虎			虎	口	拔	牙
龙	行	虎	步	虎虎虎☺虎虎虎☺虎虎虎		调	虎	离	山
骑	虎	难	下			龙	骧	虎	步
虎	头	蛇	尾	投	畀	豺	虎	虎	背	熊	腰	畏	敌	如	虎
纵	虎	归	山	龙	盘	虎	踞	养	虎	遗	患	龙	腾	虎	跃
龙	吟	虎	啸	与	虎	谋	皮	鹰	扬	虎	视	如	虎	添	翼
照	猫	画	虎	虎	咽	狼	吞	鲁	鱼	帝	虎	虎	视	眈	眈

📖📖📖 2 月 14 日 ☞☞☞

45　☺☺☺ 玉 "兔" 吉祥填成语 ☺☺☺·

　　玉 "兔" 吉祥。请您在下列空格内填上适当的字，横向读使之组成 22 条带有 "兔" 字的 4 字成语。

		兔						兔		
	兔			春☺春 春☺春 春☺春					兔	
兔										兔
	兔				兔	兔			兔	
		兔		兔		兔		兔		
		兔	兔			兔		兔		
		兔	兔			兔	兔			

♥♥♥ 答案链接 ♥♥♥ → ▶

龟	毛	兔	角									见	兔	顾	犬
玉	兔	银	蟾		春☺春 春☺春 春☺春							乌	飞	兔	去
兔	死	狐	悲									狮	子	搏	兔
狡	兔	三	窟	出	如	脱	兔	兔	丝	燕	麦	狐	死	兔	泣
守	株	待	兔	乌	飞	兔	走	得	兔	忘	蹄	兔	起	凫	举
动	如	脱	兔	犬	兔	俱	敝	怀	揣	兔	子	兔	死	狗	烹
惊	猿	脱	兔	兔	起	鹘	落	吐	子	成	兔	兔	走	乌	飞

📖📖📖 2月15日 📖📖📖

 ☺☺☺ 围棋成语谜 ☺☺☺.

下面是一盘围棋简谱，请根据下面围棋的布局及棋子分布等特点猜射5条4字成语。→ ✎

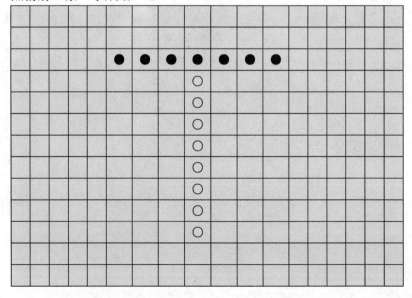

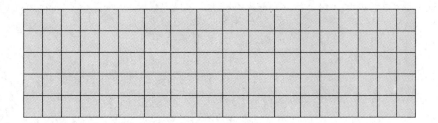

♥♥♥ 答案链接 ♥♥♥→►

1. 横七竖八；2. 黑白分明；3. 白黑分明；

4. 七上八下；5. 颠倒黑白。

📖📖📖📖 2月16日 ☞☞☞

47 ☺☺☺ 植物成语王国（一）☺☺☺.

又是大地回春，万物欣欣向荣。大量成语与植物结下了不解之缘。请在下面成语括号里填上恰当的字，使成语中所填写的字都与植物有关，并各自分别是该成语中的某一个字或某两个字，如：火中取栗，等等，请把它们填写出来，晒一晒这些植物成语。

1. 心乱如（　）；2. 目光如（　）；3. 移花接（　）；

4. 名列前（　）；5. 锦上添（　）；6. 指（　）骂（　）；

7. 不差累（　）；8. 雨后春（　）；9. 灾（　）祸（　）；

10. 披（　）斩（　）；11. 芝兰玉（　）；12. 食玉炊（　）；

13. 春兰秋（　）；14. 百步穿（　）；15. 胸有成（　）；

16. 沧海一（　）；17. 如火如（　）；18. （　）萱并茂；

19. 不辨（　）（　）；20. 布帛（　）（　）；21. （　）（　）年华；

22. （　）泛（　）漂；23. 道旁苦（　）；24. 飞（　）挽（　）；

25. （　）路蓝缕；26. 太仓一（　）；27. （　）刺在背；

28. （　）（　）载途；29. 不知（　）（　）；30. 含（　）咀（　）；

31.（　）（　）明珠；32. 人面（　）花；33.（　）花潭水；

34.（　）红（　）绿；35. 驱羊拾（　）；36.（　）水承欢；

37. 依（　）附（　）；38. 移（　）接（　）；39. 铜驼（　）（　）；

40.（　）花（　）叶；41.（　）子飘香；42.（　）宫（　）寝；

43.（　）林一枝；44.（　）（　）之姿；45. 玉粒（　）薪；

46. 顺（　）摸（　）；47. 投（　）报（　）；48.（　）苞（　）茂；

49.（　）报平安；50. 秋（　）密网；51. 满城（　）（　）；

52. 让（　）推（　）；53. 斗（　）尺布；54. 披（　）采（　）；

55.（　）（　）盈门；56.（　）（　）余辛；57. 牵（　）补屋；

58. 拔（　）连（　）；59. 青（　）（　）马；60. 不待（　）龟；

61. 以（　）扣钟。

♥♥♥ 答案链接 ♥♥♥→▶

1. 心乱如（麻）；2. 目光如（豆）；3. 移花接（木）；4. 名列前（茅）；

5. 锦上添（花）；6. 指（桑）骂（槐）；7. 不差累（黍）；8. 雨后春（笋）；

9. 灾（梨）祸（枣）；10. 披（荆）斩（棘）；11. 芝兰玉（树）；

12. 食玉炊（桂）；13. 春兰秋（菊）；14. 百步穿（杨）；

15. 胸有成（竹）；16. 沧海一（粟）；17. 如火如（荼）；

18.（椿）萱并茂；19. 不辨（菽）（麦）；20. 布帛（菽）（粟）；

21.（豆）（蔻）年华；22.（梗）泛（萍）漂；23. 道旁苦（李）；

24. 飞（刍）挽（粟）；25.（筚）路蓝缕；26. 太仓一（粟）；

27.（芒）刺在背；28.（荆）（棘）载途；29. 不知（萧）（董）；

30. 含（英）咀（华）；31.（蕙）（苡）明珠；32. 人面（桃）花；

33.（桃）花潭水，34.（桃）红（柳）绿；35. 驱羊拾（芥）；

36.（菽）水承欢；37. 依（草）附（木）；38. 移（花）接（木）；

39. 铜驼（荆）（棘）；40.（杏）花（菖）叶；41.（桂）子飘香；

42.（桂）宫（柏）寝；43.（桂）林一枝；44.（蒲）（柳）之姿；

45. 玉粒（桂）薪；46. 顺（藤）摸（瓜）；47. 投（桃）报（李）；

48.（竹）苞（松）茂；49.（竹）报平安；50. 秋（荼）密网；

51. 满城（桃）（李）；52. 让（枣）推（梨）；53. 斗（粟）尺布；
54. 披（榛）采（兰）；55. （桃）（李）盈门；56. （姜）（桂）余辛；
57. 牵（萝）补屋；58. 拔（茅）连（茹）；59. 青（梅）（竹）马；
60. 不待（蓍）龟；61. 以（莛）扣钟。

📖📖📖 2月17日 ☞☞☞

48 ☺☺☺ **趣组十二生肖接龙成语（一）** ☺☺☺.

请按十二生肖排列接龙顺序分别组拼成 3 组 12 条含有十二生肖动物名称的 4 字成语。

♥♥♥ 答案链接 ♥♥♥➡➤

第一组：1. 胆小如鼠；2. 童牛角马；3. 马马虎虎；4. 守株待兔；
5. 叶公好龙；6. 打草惊蛇；7. 悬崖勒马；8. 顺手牵羊；9. 沐猴而冠；
10. 呆若木鸡；11. 狗尾续貂；12. 猪卑狗险。

第二组：1. 狼贪鼠窃；2. 气冲牛斗；3. 放虎归山；4. 兔死狐悲；
5. 龙飞凤舞；6. 佛口蛇心；7. 伯乐相马；8. 歧路亡羊；9. 尖嘴猴腮；
10. 鹤立鸡群；11. 白云苍狗；12. 指猪骂狗。

第三组：1. 鼠肝虫臂；2. 力大如牛；3. 马马虎虎；4. 守株待兔；
5. 叶公好龙；6. 打草惊蛇；7. 悬崖勒马；8. 顺手牵羊；9. 杀鸡吓猴；
10. 呆若木鸡；11. 关门打狗；12. 行同狗猪（彘）。

📖📖📖 2月18日 ☞☞☞

49 ☺☺☺ **趣填二十四节气名组成语** ☺☺☺.

请您在下面空方格内填上适当的字，使它们组成含有二十四节气名称的 24 条成语和常用词语。

1. □竿见影，□光明媚；　2. □过天晴，□到渠成；

3. □涛骇浪，□伏不动；　4. □风得意，□甘共苦；

5. □风两袖，□争暗斗；　6. □贱伤农，□后春笋；

7. □地书橱，□炉冬扇；　8. □家碧玉，□园春色；

9. □刺在背，□瓜得瓜；　10. □雨雨人，□亲好友；

11. □巧玲珑，□去寒来；　12. □材小用，□寒易节；

13. □地成佛，□风过耳；　14. □之泰然，□寒交替；

15. □面书生，□才扬己；　16. □毫之末，□道扬镳；

17. □气逼人，□宿风餐；　18. □露之病，□贵纡尊；

19. □此存照，□温夏清；　20. □鸟依人，□窖冰天；

21. □器晚成，□上加霜；　22. □日可爱；□人无己；

23. □试锋芒，□冬腊月；　24. □气磅礴；□木春华。

♥♥♥ 答案链接 ♥♥♥→▶

1. 立竿见影，春光明媚；　2. 雨过天晴，水到渠成；

3. 惊涛骇浪，蛰伏不动；　4. 春风得意，分甘共苦；

5. 清风两袖，明争暗斗；　6. 谷贱伤农，雨后春笋；

7. 立地书橱，夏炉冬扇；　8. 小家碧玉，满园春色；

9. 芒刺在背，种瓜得瓜；　10. 夏雨雨人，至亲好友；

11. 小巧玲珑，暑去寒来；　12. 大材小用，暑寒易节；

13. 立地成佛，秋风过耳；　14. 处之泰然，暑寒交替；

15. 白面书生，露才扬己；　16. 秋毫之末，分道扬镳；

17. 寒气逼人，露宿风餐；　18. 霜露之病，降贵纡尊；

19. 立此存照，冬温夏清；　20. 小鸟依人，雪窖冰天；

21. 大器晚成，雪上加霜；　22. 冬日可爱，至人无己；

23. 小试锋芒，寒冬腊月；　24. 大气磅礴，寒木春华。

2 月 19 日

50 ☺☺☺ 超级模仿秀克隆语句 ☺☺☺.

请您按照下列成语的结构样式，分别克隆写出 4 条 4 字成语和常用词语，请靓出您的精彩才艺，人人争做超级模仿秀哦~~~。

1．又高又大；2．四平八稳；3．心心念念；4．心心相印。

♥♥♥ 答案链接 ♥♥♥➔▶

1．又甜又香，又长又大，又小又短，又细又长；2．四通八达，四面八方，四亭八当，四时八节；3．严严实实，郁郁葱葱，零零星星，结结实实；4．源源不断，岌岌可危，人人自危，息息相关。

2 月 20 日

51 ☺☺☺ 龙的传人趣填"龙"字成语（二）☺☺☺.

龙的传人，龙行天下，龙飞凤舞，瑞气呈祥。请您在下列空格内填上恰当的字，使之横向读组成 22 条带有"龙"字的 4 字成语。

		龙				龙	
	龙		龙龙龙☺龙龙龙☺龙龙龙			龙	
龙							龙
龙				龙	龙		龙
龙			龙		龙		龙
	龙		龙		龙	龙	
	龙	龙			龙	龙	

♥♥♥ 答案链接 ♥♥♥→►

药	店	飞	龙									龙	跃	凤	鸣
老	态	龙	钟	龙龙龙☺龙龙龙☺龙龙龙								蛟	龙	得	水
降	龙	伏	虎									虎	踞	龙	盘
龙	章	凤	姿	龙	池	无	龙	龙	飞	凤	舞	得	婿	如	龙
龙	骧	虎	步	钟	山	龙	盘	攀	龙	附	骥	麟	凤	龟	龙
虎	掷	龙	拿	一	龙	一	猪	龙	生	龙	子	来	龙	去	脉
虎	略	龙	韬	龙	行	虎	步	绣	虎	雕	龙	云	龙	凤	虎

📖📖📖 2月21日 ☞☞☞

52 ☺☺☺ 改错字填成语 ☺☺☺.

改错谜是故意将人们熟知的成语格言或诗词语句中的某一字或两个字改换成别的字作为谜面,谜底是对谜面中之错所作出的更正性或结论性词语或批语,谜底往往要加与改动之词在意思上相近或相关的两个表性词,如:拔、移、接等等。下面各组成语中都有错别字,请予以改正,并根据产生错别字的原因和改正错别字的过程,在每一组后面的空格里填上一句能准确地形容产生错别字原因或改正错别字过程的4字成语。例如:砖石俱焚——► 抛砖引玉——► 玉石俱焚。

1. 花已成舟——► ( )( )( )( ) ——► ( )( )( )( );

2. 天新月异——► ( )( )( )( ) ——► ( )( )( )( );

3. 亡牛补牢——► ( )( )( )( ) ——► ( )( )( )( );

4. 头目全非——► ( )( )( )( ) ——► ( )( )( )( );

5. 今色古香——► ( )( )( )( ) ——► ( )( )( )( );

6. 章正辞严——► ( )( )( )( ) ——► ( )( )( )( );

7. 凶星高照——► ( )( )( )( ) ——► ( )( )( )( );

8. 斗罗棋布——▶ ( ) ( ) ( ) ( ) ——▶ ( ) ( ) ( ) ( ) ；

9. 凡经贤传——▶ ( ) ( ) ( ) ( ) ——▶ ( ) ( ) ( ) ( ) ；

10. 沸风打浪——▶ ( ) ( ) ( ) ( ) ——▶ ( ) ( ) ( ) ( ) ；

11. 一梁承天——▶ ( ) ( ) ( ) ( ) ——▶ ( ) ( ) ( ) ( ) ；

12. 邪气凛然——▶ ( ) ( ) ( ) ( ) ——▶ ( ) ( ) ( ) ( ) ；

13. 整敲碎打——▶ ( ) ( ) ( ) ( ) ——▶ ( ) ( ) ( ) ( ) ；

14. 法体力行——▶ ( ) ( ) ( ) ( ) ——▶ ( ) ( ) ( ) ( ) ；

15. 祸过灾生——▶ ( ) ( ) ( ) ( ) ——▶ ( ) ( ) ( ) ( ) ；

16. 夷虫语冰——▶ ( ) ( ) ( ) ( ) ——▶ ( ) ( ) ( ) ( ) ；

17. 汰柔寡断——▶ ( ) ( ) ( ) ( ) ——▶ ( ) ( ) ( ) ( ) ；

18. 水破天惊——▶ ( ) ( ) ( ) ( ) ——▶ ( ) ( ) ( ) ( ) ；

19. 短治久安——▶ ( ) ( ) ( ) ( ) ——▶ ( ) ( ) ( ) ( ) ；

20. 长兵相接——▶ ( ) ( ) ( ) ( ) ——▶ ( ) ( ) ( ) ( ) ；

21. 身人志士——▶ ( ) ( ) ( ) ( ) ——▶ ( ) ( ) ( ) ( ) ；

22. 突着先鞭——▶ ( ) ( ) ( ) ( ) ——▶ ( ) ( ) ( ) ( ) ；

23. 古日方长——▶ ( ) ( ) ( ) ( ) ——▶ ( ) ( ) ( ) ( ) ；

24. 艰苦雕素——▶ ( ) ( ) ( ) ( ) ——▶ ( ) ( ) ( ) ( ) ；

25. 吟饴弄孙——▶ ( ) ( ) ( ) ( ) ——▶ ( ) ( ) ( ) ( ) ；

26. 氢骨丰肌——▶ ( ) ( ) ( ) ( ) ——▶ ( ) ( ) ( ) ( ) ；

27. 生不容辞——▶ ( ) ( ) ( ) ( ) ——▶ ( ) ( ) ( ) ( ) ；

28. 而乎者也——▶ ( ) ( ) ( ) ( ) ——▶ ( ) ( ) ( ) ( ) ；

29. 繁明扼要——▶ ( ) ( ) ( ) ( ) ——▶ ( ) ( ) ( ) ( ) ；

30. 徇弊舞弊——▶ ( ) ( ) ( ) ( ) ——▶ ( ) ( ) ( ) ( ) 。

♥♥♥ 答案链接 ♥♥♥➜▶

1. 花已成舟——▶ 移花接木 ——▶ 木已成舟 ；

2. 天新月异——▶ 偷天换日 ——▶ 日新月异 ；

3. 亡牛补牢——▶ 以羊易牛 ——▶ 亡羊补牢 ；

4. 头目全非——▶ 改头换面 ——▶ 面目全非 ；

5. 今色古香 ▶ 是古非今 ▶ 古色古香；

6. 章正辞严 ▶ 断章取义 ▶ 义正辞严；

7. 凶星高照 ▶ 逢凶化吉 ▶ 吉星高照；

8. 斗罗棋布 ▶ 星移斗转 ▶ 星罗棋布；

9. 凡经贤传 ▶ 转凡为圣 ▶ 圣经贤传；

10. 沸风打浪 ▶ 以汤止沸 ▶ 汤风打浪；

11. 一梁承天 ▶ 偷梁换柱 ▶ 一柱承天；

12. 邪气凛然 ▶ 改邪归正 ▶ 正气凛然；

13. 整敲碎打 ▶ 化整为零 ▶ 零敲碎打；

14. 法体力行 ▶ 以身试法 ▶ 身体力行；

15. 祸过灾生 ▶ 转祸为福 ▶ 福过灾生；

16. 夷虫语冰 ▶ 用夏变夷 ▶ 夏虫语冰；

17. 汰柔寡断 ▶ 优胜劣汰 ▶ 优柔寡断；

18. 水破天惊 ▶ 水落石出 ▶ 石破天惊；

19. 短治久安 ▶ 弃短取长 ▶ 长治久安；

20. 长兵相接 ▶ 断长续短 ▶ 短兵相接；

21. 身人志士 ▶ 杀身成仁 ▶ 仁人志士；

22. 突着先鞭 ▶ 突飞猛进 ▶ 猛着先鞭；

23. 古日方长 ▶ 古往今来 ▶ 来日方长；

24. 艰苦雕素 ▶ 斫雕为朴 ▶ 艰苦朴素；

25. 吟饴弄孙 ▶ 降格以求 ▶ 含饴弄孙；

26. 氢骨丰肌 ▶ 有气无力 ▶ 劲骨丰肌；

27. 生不容辞 ▶ 舍生取义 ▶ 义不容辞；

28. 而乎者也 ▶ 取而代之 ▶ 之乎者也；

29. 繁明扼要 ▶ 删繁就简 ▶ 简明扼要；

30. 徇弊舞弊 ▶ 无私有弊 ▶ 徇私舞弊。

📖📖📖 2月22日 ☞☞☞

53 ☺☺☺ "龙凤"呈祥趣填成语 ☺☺☺.

请在下面空格内分别填入适当的字，使其横向读组成分别含有"龙"、"凤"字的4字成语16条，您能在3分钟内填写完成吗？

			龙	凤			
		龙			凤		
	龙					凤	
龙							凤
凤							龙
	凤					龙	
		凤			龙		
			凤	龙			

♥♥♥ 答案链接 ♥♥♥➜▶

叶公好龙，笔走龙蛇，乘龙快婿，龙眉凤目，凤毛麟角，麟凤一毛，麟子凤雏，百鸟朝凤，凤鸣朝阳，龙凤呈祥，龙章凤姿，和鸣鸾凤，车水马龙，老态龙钟，二龙争珠，龙跃凤鸣。

📖📖📖 2月23日 🐛🐛🐛

54 ☺☺☺ 联珠成语串串通 ☺☺☺.

下面有两组成语,每一组里前一条成语的最后一个字,是它后面毗邻那条成语的第一个字,这在修辞上叫"顶真"、"联珠"、"串珠",也可叫做成语接龙。成语接龙形式活泼,耳目一新,智趣盎然,使成语变得简单易记好学,让读者从中受益匪浅。请您在下列成语之间的空白圆圈数码序号处各填上一个字,使每组成语"巨龙"连接起来。例如:"四面楚⑧舞升⑨易近⑩人定胜⑪经地⑫不容辞",等等。

(1)事倍功 ① 明半 ② 无天 ③ 新月 ④ 想天 ⑤ 门见 ⑥ 高水 ⑦ 声下象万 ⑨ 军万 ⑩ 到成 ⑪ 败垂 ⑫ 千上 ⑬ 众一 ⑭ 口如 ⑮ 触即 ⑯ 愤图 ⑰ 词夺 ⑱ 直气 ⑲ 志凌 ⑳ 兴霞 ㉑ 然成 ㉒ 花雪 ㉓ 下老 ㉔ 之常 ㉕ 至意 ㉖ 力而 ㉗ 人作 ㉘ 祸于 ㉙ 定胜 ㉚ 之骄 ㉛虚乌 ㉜机可 ㉝人之 ㉞言危 ㉟之有效。

(2)今是昨 ① 同小 ② 望而不可 ③ 以其人之道还治其人之 ④ 体力 ⑤ 若无 ⑥ 在人 ⑦ 富不 ⑧ 至义 ⑨ 心竭 ⑩ 不胜 ⑪ 重道 ⑫ 走高 ⑬ 沙走 ⑭ 破天 ⑮ 天动 ⑯ 利人 ⑰ 睦相 ⑱ 心积 ⑲ 周藻 ⑳ 云不 ㉑ 过天 ㉒ 空霹雳。

♥♥♥ 答案链接 ♥♥♥→►

1. ①半; ②暗; ③日; ④异; ⑤开; ⑥山; ⑦低; ⑧气; ⑨千; ⑩马; ⑪功; ⑫成; ⑬万; ⑭心; ⑮一; ⑯发; ⑰强; ⑱理; ⑲壮; ⑳云; ㉑蔚; ㉒风; ㉓月; ㉔人; ㉕情; ㉖尽; ㉗为; ㉘嫁; ㉙人; ㉚天; ㉛子; ㉜有; ㉝乘; ㉞危; ㉟行。

2. ①非; ②可; ③即; ④身; ⑤行; ⑥事; ⑦为; ⑧仁; ⑨尽; ⑩力; ⑪任; ⑫远; ⑬飞; ⑭石; ⑮惊; ⑯地; ⑰和; ⑱处; ⑲虑; ⑳密; ㉑雨; ㉒晴。

📖📖📖 2月24日 ☞☞☞

55 ☺☺☺ 趣猜面异目多的辐射谜 ☺☺☺.

下面图画谜可一谜多猜,请您根据此图画,按照谜目的不同要求,分别猜射出相应的谜语。1. 猜4字成语7条;2. 猜8字成语1条;3. 猜鲁迅作品名1;4. 猜中国长篇小说名1;5. 猜影视故事片名7;6. 猜话剧名1;7. 猜黄梅戏《天仙配》唱词一句。↩↗

无

♥♥♥ 答案链接 ♥♥♥→▶

1. 心心相印,上下同心,上下一心,心向往之,以心传心,心比天高,心高气傲;2. 二人同心,其利断金;3.《二心集》;4.《连心锁》;5.《心连心》《同心结》《丹心谱》《一叶小舟》《星星星》《同心圆》《心中的爱》;6.《童心》(解析:"童"与"同"谐音);7. 天上人间心一条。

📖📖📖 2月25日 ☞☞☞

56 ☺☺☺ 根据古诗词名句提炼成语 ☺☺☺.

1. 飞鸟尽,良弓藏;狡兔死,走狗烹。

——[唐·杜甫《奉赠射洪李四丈》]

2. 海内存知己,天涯若比邻。

——[唐·王勃《王子安集·送杜少府之任蜀州》]

3. 解名尽处是孙山,贤郎更在孙山外。

——[宋·范公偁《过庭录》]

4. 彼采萧兮，一日不见，如隔三秋兮。

　　　　　——［春秋·《诗经·王风·采葛》］

5. 投我以桃，报之以李。

　　　　　——［春秋·《诗经·大雅·抑》］

6. 唐人有诗云。"山僧不解数甲子，一叶落知天下秋。"

　　　　　——［宋·唐庚《文录》］

7. 先天下之忧而忧，后天下之乐而乐。

　　　　　——［宋·范仲淹《岳阳楼记》］

8. 谁言寸草心，报得三春晖。

　　　　　——［唐·孟郊《孟东野诗集·游子吟》］

9. 车如流水，马如游龙。

　　　　　——［《后汉书·马后纪》］

10. 以金为城，以汤为池。

　　　　　——［《史记·殷本纪》］

11. 杀伤疾患，十室九空。

　　　　　——［唐·韩愈《昌黎先生集·黄家贼事宜状》］

12. 家有敝帚，享之千金。

　　　　　——［《东汉汉纪·汉武帝纪》］

13. 九万里风鹏正举，风休住，蓬舟吹取三山去。

　　　　　——［南宋·李清照《渔家傲·记梦》词］

14. 金銮当日奏草，落笔万龙蛇。

　　　　　——［南宋·辛弃疾《稼轩长短句·水调歌头》］

15. 人一能之，己百之；人十能之，己千之。

　　　　　——［《礼记·中庸》］

16. 人有悲欢离合，月有阴晴圆缺，此事古难全。

　　　　　——［北宋·苏轼《水调歌头》词］

17. 别时容易见时难。流水落花春去也，天上人间。

　　　　　——［五代南唐后主·李煜《浪淘沙》词］

18. 人间世，何处祥麟威凤，繁华一枕春梦。

          ——［元·许有壬《登洞庭湖连天楼和刘光远韵》］

19. 前程渐觉风光好，琪花片片粘瑶草。

             ——［唐·王毂《梦仙谣》］

20. 今年欢笑复明年，秋月春风等闲度。

        ——［唐·白居易《白氏长庆集·琵琶行》］

♥♥♥ 答案链接 ♥♥♥➔►

1. 鸟尽弓藏； 2. 天涯比邻； 3. 名落孙山； 4. 一日三秋；

5. 投桃报李； 6. 一叶知秋； 7. 先忧后乐； 8. 寸草春晖；

9. 车水马龙；10. 酒池肉林；11. 十室九空；

12. 敝帚千金（敝帚自珍）；   13. 鹏程万里；14. 笔走龙蛇；

15. 人一己百；16. 悲欢离合，阴晴圆缺；   17. 落花流水；

18. 威凤祥麟；19. 琪花瑶草；20. 秋月春风。

📖📖📖 2 月 26 日 ✒✒✒

57   ☺☺☺ 成语排序题 ☺☺☺.

一、 ［项羽与成语故事］西汉历史学家司马迁的《史记·项羽本记》完整地讲述了项羽这位大英雄的生平。该书中关于项羽一生的记载有许多成语，或有不少句子后来逐渐演变成为成语或典故，常为后人运用。请再搜索一些有关项羽的信息资料，将下列成语及典故按照历史事件发生时间的先后顺序串联起来，然后向身边的朋友宣传介绍项羽的生平，好吗？请行动起来吧！

1. 先发制人；2. 取而代之；3. 四面楚歌（四面受敌）；

4. 项庄舞剑，意在沛公；5. 破釜沉舟；6. 三户亡秦；

7. 沐猴而冠；8. 拔山举鼎；9. 卷土重来；10. 劳苦功高；

11. 作壁上观；12. 一以当十；13. 明修栈道，暗度陈仓

14. 霸王别姬；15. 羞见江东父老；16. 人为刀俎，我为鱼肉；

17. 慷慨悲歌；18. 所向无敌；19. 怒目而斥；20. 如虎似狼；

21. 一日千里；22. 称王称霸；23. 披坚执锐；24. 鸿沟为界；

25. 养虎遗患。

二、[朋友成语亲疏排序] 下列18条成语都是与交朋友有关的成语，请您按照从亲至疏的先后顺序将这些成语重新排序，好吗？

　　1. 八拜之交；2. 狐朋狗友；3. 高山流水；4. 乘车戴笠；

　　5. 班荆道故；6. 把臂入林；7. 天涯比邻；8. 君子之交；

　　9. 肺腑之交；10. 小人之交；11. 左右手（左膀右臂）；

　12. 酒肉朋友；13. 忘年交；14. 契若金兰；15. 金友玉昆；

　16. 李代桃僵；17. 夜雨对床；18. 管鲍之交。

　　♥♥♥ 答案链接 ♥♥♥➡▶

一、8➪2➪1➪6➪20➪511➪12➪22➪4➪7➪13➪10➪23➪18➪21➪1624➪25➪3➪14➪17➪19➪915。项羽生平简介（略）。

二、15➪17➪9➪16➪11➪18➪3➪7➪1➪138➪14➪4➪6➪5➪122➪10。

 2月27日 ☞☞☞

58 ☺☺☺ 填反义语素组成语 ☺☺☺.

请在下列空括号里填入反义语素来组成4字成语。

　1. 以（ ）报（ ）；2. 半（ ）半（ ）；3.（ ）口（ ）声；

　4. 名（ ）实（ ）；5.（ ）受（ ）知；6.（ ）胜（ ）败；

　7. 弃（ ）投（ ）；8. 弃（ ）图（ ）；9. 争（ ）论（ ）；

10.（ ）来（ ）受；11.（ ）人（ ）己；12.（ ）经（ ）义；

13.（ ）古（ ）今；14. 转（ ）为（ ）；15. 善（ ）善（ ）；

16.（ ）一（ ）二；17. 喜（ ）哀（ ）；18. 口是（ ）（ ）；

19. 避（ ）就（ ）；20. 去（ ）取（ ）；21. 去（ ）存（ ）；

22. 出生（ ）（ ）；23. 外强（ ）（ ）；24. 熟视（ ）（ ）；
25. 眼高（ ）（ ）；26. 是非（ ）（ ）；27. 惩前（ ）（ ）；
28. 深入（ ）（ ）；29. 煨干（ ）（ ）；30. 阴儒（ ）（ ）。

♥♥♥ 答案链接 ♥♥♥ → ▶

1. 以德报怨；　2. 半信半疑；　3. 异口同声；　4. 名存实亡；
5. 大受小知；　6. 优胜劣败；　7. 弃暗投明；　8. 弃旧图新；
19. 争长论短；10. 逆来顺受；11. 损人利己；12. 天经地义；
13. 是古非今；14. 转危为安；15. 善始善终；16. 有一无二；
17. 喜怒哀乐；18. 口是心非；19. 避重就轻；20. 去粗取精；
21. 去伪存真；22. 出生入死；23. 外强中干；24. 熟视无睹；
25. 眼高手低；26. 是非曲直；27. 惩前毖后；28. 深入浅出；
29. 煨干就湿；30. 阴儒阳释。

📖📖📖📖 2月28日 ✍✍✍

59 ☺☺☺ 成语错别字美容矫治中心（二）☺☺☺.

请矫正下列成语中的错别字。

1. 手不失卷；　2. 自名得意；　3. 千钧一发；　4. 向偶而泣；
5. 固直己见；　6. 以邻为豁；　7. 再接再励；　8. 穿流不息；
9. 阴谋鬼计；10. 如火如荼；11. 病入膏盲；12. 草管人命；
13. 鬼鬼崇崇；14. 沽名沟誉；15. 刚复自用；16. 沧海一栗；
17. 相形见拙；18. 格格不如；19. 声名狼籍；20. 人才倍出；
21. 养尊处忧；22. 大气晚成；23. 激流勇退；24. 历精图治；
25. 劳役结合；26. 日新月移；27. 洁然一身；28. 大明鼎鼎；
29. 不及不离；30. 海角天崖；31. 顺藤摸瓜；32. 支言片语；
33. 心怀巨测；34. 一叶彰目；35. 流连光景；36. 星罗其布；
37. 风声鹤泪；38. 消声匿迹；39. 义愤添鹰；40. 指高气扬。

41. 装腔做势；42. 默守陈规；43. 以老卖老；44. 一正词严；
45. 一年之季在于春。

♥♥♥ 答案链接 ♥♥♥➔►

1. 手不释卷；　2. 自鸣得意；　3. 千钧一发；　4. 向隅而泣；
5. 固执己见；　6. 以邻为壑；　7. 再接再厉；　8. 川流不息；
9. 阴谋诡计；10. 如火如荼；11. 病入膏肓；12. 草菅人命；
13. 鬼鬼祟祟；14. 沽名钓誉；15. 刚愎自用；16. 沧海一粟；
17. 相形见绌；18. 格格不入；19. 声名狼藉；20. 人才辈出；
21. 养尊处优；22. 大器晚成；23. 激流勇退；24. 励精图治；
25. 劳逸结合；26. 日新月异；27. 孑然一身；28. 大名鼎鼎；
29. 不即不离；30. 海角天涯；31. 顺藤摸瓜；32. 只言片语；
33. 心怀叵测；34. 一叶障目；35. 留连光景；36. 星罗棋布；
37. 风声鹤唳；38. 销声匿迹；39. 义愤填膺；40. 趾高气扬；
41. 装腔作势；42. 墨守成规；43. 倚老卖老；44. 义正辞严；
45. 一年之计在于春。

📖📖📖 2月29日 ☞☞☞

🔲**59** （闰年题）☺☺☺ 猜字谜组4字成语 ☺☺☺.

请您分别根据下面这首《山中即景》打油诗中每一句诗句各猜
一个字谜，再把这4个字连接起来组成一条4字成语。

火山移动，树毁多少；元首灭火，云力合成。

♥♥♥ 答案链接 ♥♥♥➔►

这四句诗句分别猜射出"灵"、"机"、"一"、"动"四个字，
组成4字成语"灵机一动"。**(注：闰年时可启用此题项)**。

☺☺☺ 三月 ▶ ▶ ▶

成语游戏人生，从今天开始! ☞☞☞

☐☐☐☐ 3月1日 ☞☞☞

60 ☺☺☺ 叠字成语超市（二）☺☺☺.

哇噻！这个超市琳琅满目应有尽有，好气派哦～～。请一一填写下列 AABC 式（第 1 项～第 48 项）、AABB 式（第 49 项～第 64 项）、ABCC 式（第 65 项～第 75 项）、ABAC 式（第 76 项～第 90 项）、ABCA 式（第 91 项～第 95 项）、ABCB 式（第 96 项～第 100 项）叠字成语。

1. （ ）（ ）日上； 2. （ ）（ ）在目； 3. （ ）（ ）相因；

4. （ ）（ ）一堂； 5. （ ）（ ）在上； 6. （ ）（ ）哀求；

7. （ ）（ ）计较； 8. （ ）（ ）教导； 9. （ ）（ ）血迹；

10. （ ）（ ）子立； 11. （ ）（ ）作态； 12. （ ）（ ）碰壁；

13. （ ）（ ）不入； 14. （ ）（ ）不绝； 15. （ ）（ ）有分；

16. （ ）（ ）公子； 17. （ ）（ ）众生； 18. （ ）（ ）为营；

19. （ ）（ ）入扣； 20. （ ）（ ）有据； 21. （ ）（ ）不倦；

22. （ ）（ ）欲动； 23. （ ）（ ）在目； 24. （ ）（ ）有余；

25. （ ）（ ）在网； 26. （ ）（ ）了事； 27. （ ）（ ）如也；

28. （ ）（ ）从长； 29. （ ）（ ）乐道； 30. （ ）（ ）有神；

31. （ ）（ ）之音； 32. （ ）（ ）无闻； 33. （ ）（ ）无几；

34. （ ）（ ）而来； 35. （ ）（ ）无期； 36. （ ）（ ）一堂；

37.（　）（　）有礼；38.（　）（　）不舍；39.（　）（　）生气；
40.（　）（　）寡合；41.（　）（　）有余；42.（　）（　）向上；
43.（　）（　）欲试；44.（　）（　）动听；45.（　）（　）相关；
46.（　）（　）不舍；47.（　）（　）如律令；48.（　）（　）六十四；
49.辛辛（　）（　）；50.乾乾（　）（　）；51.来来（　）（　）；
52.规规（　）（　）；53.（　）（　）约约；54.鬼鬼（　）（　）；
55.慌慌（　）（　）；56.坦坦（　）（　）；57.普普（　）（　）；
58.来来（　）（　）；59.平平（　）（　）；60.浩浩（　）（　）；
61.悠悠（　）（　）；62.悠悠（　）（　）；63.坑坑（　）（　）；
64.纷纷（　）（　）；65.神采（　）（　）；66.人才（　）（　）；
67.风尘（　）（　）；68.其势（　）（　）；69.剑戟（　）（　）；
70.妙手（　）（　）；71.含情（　）（　）；72.言之（　）（　）；
73.金光（　）（　）；74.徒呼（　）（　）；75.言者（　）（　），
听者（　）（　）；76.（　）言（　）语；77.（　）心（　）意；
78.（　）天（　）地；79.（　）善（　）美；80.（　）人（　）语；
81.（　）色（　）香；82.（　）战（　）决；83.（　）言（　）语；
84.（　）依（　）顺；85.（　）卑（　）亢；86.（　）妙（　）肖；
87.（　）头（　）尾；88.（　）听（　）信；89.（　）火（　）荼；
90.（　）骄（　）躁；91.（　）益求（　）；92.（　）不胜（　）；
93.（　）定思（　）；94.（　）无可（　）；95.（　）所欲（　）；
96.见（　）不（　）；97.一（　）百（　）；98.将（　）就（　）；
99.得（　）且（　）；100.心（　）口（　）。

♥♥♥ 答案链接 ♥♥♥→▶

1.蒸蒸；2.历历；3.陈陈；4.济济；5.高高；6.苦苦；
7.斤斤；8.谆谆；9.斑斑；10.茕茕；11.惺惺；12.处处；
13.格格；14.滔滔；15.人人；16.花花；17.芸芸；18.步步；
19.丝丝；20.凿凿；21.孜孜；22.蠢蠢；23.历历；24.恢恢；
25.瑚瑚；26.草草；27.空空；28.善善；29.津津；30.炯炯；

31. 靡靡；32. 默默；33. 寥寥；34. 源源；35. 遥遥；36. 济济；
37. 彬彬；38. 恋恋；39. 虎虎；40. 落落；41. 绰绰；42. 天天；
43. 跃跃；44. 娓娓；45. 息息；46. 依依；47. 急急；48. 版版；
49. 苦苦；50. 翼翼；51. 去去；52. 矩矩；53. 隐隐；54. 祟祟；
55. 张张；56. 荡荡；57. 通通；58. 往往；59. 淡淡；60. 荡荡；
61. 荡荡；62. 忽忽；63. 注注；64. 扬扬；65. 奕奕；66. 济济；
67. 仆仆；68. 汹汹；69. 森森；70. 空空；71. 脉脉；72. 凿凿；
73. 闪闪；74. 负负；75. 谆谆，薿薿；76. 自，自；77. 全，全；
78. 谢，谢；79. 尽，尽；80. 快，快；81. 古，古；82. 速，速；
83. 风，风；84. 百，百；85. 不，不；86. 惟，惟；87. 彻，彻；
88. 偏，偏；89. 如，如；90. 戒，戒；91. 精，精；92. 举，举；
93. 痛，痛；94. 忍，忍；95. 为，为；96. 怪，怪；97. 了，了；
98. 错，错；99. 过，过；100. 服，服。

📖📖📖 3月2日 ☞☞☞

61 ☺☺☺ 植物成语王国（二）☺☺☺.

请您在下面成语空括号里填写入恰当的字，使成语中所填写的字都与植物有关，好好晾晒晾晒这些植物成语吧。

1. 世外（ ）源；2. 蒲（ ）之姿；3. 煮（ ）燃（ ）；
4. 拈（ ）惹（ ）；5. 寒（ ）春华；6. 凡（ ）俗（ ）；
7. 拔（ ）连茹；8. 拔（ ）助长；9. 枯（ ）生（ ）；
10. 枯（ ）朽（ ）；11. 天（ ）秋（ ）；12. （ ）化为（ ）；
13. （ ）踪浪迹；14. 青（ ）落色；15. 扬（ ）振（ ）；
16. （ ）（ ）开花；17. 沅（ ）澧（ ）；18. 胸中紫（ ）；
19. （ ）（ ）生涯；20. （ ）（ ）厄闰；21. （ ）落归（ ）；
22. 粗枝大（ ）；23. 火（ ）琪（ ）；24. 囫囵吞（ ）；
25. 胸有成（ ）；　26. （ ）断丝连；　27. （ ）下借阴；

28. （　）（　）同焚；29. （　）薰（　）馥；30. （　）摧玉折；

31. （　）焚（　）叹；32. （　）（　）明珠；33. 出水（　）（　）；

34. （　）心（　）质；35. 败（　）残（　）；36. 寻（　）问（　）；

37. 衔环结（　）；38. 初发（　）（　）；39. （　）（　）之嫌；

40. 田月（　）时；41. 班（　）道故；42. 夭（　）秾（　）；

43. 一（　）千金；44. 铜驼（　）（　）；45. 岁寒知（　）（　）；

46. 陌头（　）（　）；47. （　）街（　）巷；48. （　）（　）异器；

49. （　）安之梦；50. 弄（　）弹丝；51. 一枕（　）（　）；

52. 蚍蜉撼（　）；53. 哀（　）蒸食；54. （　）门（　）户；

55. （　）（　）生辉；56. （　）户瓮牖；57. （　）脸（　）腮；

58. 章台（　）（　）；59. （　）（　）之室；60. 斩（　）除（　）；

61. 鲇鱼上（　）竿；62. （　）（　）满天下；63. 快刀斩乱（　）；

64. （　）（　）不言，下自成蹊；65. （　）生（　）中，不扶自直。

♥♥♥ 答案链接 ♥♥♥→▶

1. 世外（桃）源；　2. 蒲（柳）之姿；　3. 煮（豆）燃（萁）；

4. 拈（花）惹（草）；5. 寒（木）春华；6. 凡（桃）俗（李）；

7. 拔（茅）连茹；8. 拔（苗）助长；9. 枯（杨）生（稊）；

10. 枯（木）朽（株）；11. 夭（桃）秾（李）；12. 橘（化）为（枳）；

13. （萍）踪浪迹；14. 青（松）落色；15. 扬（葩）振（藻）；

16. （铁）（树）开花；17. 沅（芷）澧（兰）；18. 胸中紫（棘）；

19. （苜）（蓿）生涯；20. （黄）（杨）厄闰；21. （叶）落归（根）；

22. 粗枝大（叶）；23. 火（树）琪（花）；24. 囫囵吞（枣）；

25. 胸有成（竹）；26. （藕）断丝连；27. （柳）下借阴；

28. （兰）（艾）同焚；29. （兰）薰（桂）馥；30. （兰）摧玉折；

31. （芝）焚（蕙）叹；32. （蕙）（莸）明珠；33. 出水（芙）（蓉）；

34. （蕙）心（兰）质；35. 败（柳）残（花）；36. 寻（花）问（柳）；

37. 衔环结（草）；38. 初发（芙）（蓉）；39. （瓜）（李）之嫌；

40. 田月（桑）时；41. 班（荆）道故；42. 夭（桃）秾（李）；

43. 一（壶）千金；44. 铜驼（荆）（棘）；45. 岁寒知（松）（柏）；

46. 陌头（杨）（柳）；47.（花）街（柳）巷；48.（薰）（莸）异器；
49.（槐）安之梦；50. 弄（竹）弹丝；51. 一枕（黄）（梁）；
52. 蚍蜉撼（树）；53. 哀（梨）蒸食；54. 蓬门（荜）户；
55.（蓬）（荜）生辉；56.（蓬）户瓮牖；57.（杏）脸（桃）腮；
58. 章台（杨）（柳）；59.（兰）（芷）之室；60. 斩（草）除（根）；
61. 鲇鱼上（竹）竿；62.（桃）（李）满天下；63. 快刀斩乱（麻）；
64.（桃）（李）不言，下自成蹊；65.（蓬）生（麻）中，不扶自直。

📖📖📖 3月3日 ☞☞☞

📖 62 ☺☺☺ "龙"吟"虎"啸趣填成语 ☺☺☺.

请在下面空格内分别填入适当的字,使其横向读组成分别含有"龙"、
"虎"字的4字成语16条，您能在3分钟内填写完成吗？ ✎

龙							虎
	龙					虎	
		龙			虎		
			龙	虎			
			虎	龙			
		虎			龙		
	虎					龙	
虎							龙

♥♥♥ 答案链接 ♥♥♥→▶

龙生九子，生龙活虎，笔走龙蛇，望子成龙，三人成虎，
龙争虎斗，如虎添翼，虎虎生威，鲁鱼帝虎，龙潭虎穴，
谈虎色变，虎背熊腰，龙头蛇尾，来龙去脉，虎踞龙盘，
配套成龙。

3月4日

63 ☺☺☺ 成语填空趣组古典名籍 ☺☺☺

请您在下面每一组空格内分别填入含有中国古典名籍称谓的字,并且使每一组都分别组成4字成语接龙。(30组总计60条成语。)

1. 才疏志□□以致用; 2. 秀外慧□□人自扰;
3. 举一反□□泰民安; 4. 一概而□□重心长;
5. 名垂青□□忆犹新; 6. 绿林好□□声琅琅;
7. 精忠报□□出惊人; 8. 气冲霄□□记翩翩;
9. 相忍为□□无伦次; 10. 舍小求□□以致用;
11. 四不拗□□光养晦; 12. 不刊之□□妙天下;
13. 万象更□□功行赏; 14. 义不容□□源不断;
15. 画中有□□久不衰; 16. 情见乎□□头活水;
17. 大地回□□高气爽; 18. 持平之□□焉不详;
19. 寻行数□□虚乌有; 20. 倚老卖□□虚乌有;
21. 道听途□□无定法; 22. 避难就□□明行修;
23. 美□无瑕千□一律; 24. 不□辛苦四□八达;
25. 话语□浪经义□集; 26. 理屈□穷辞无□次;
27. 一□千金林□总总; 28. □材晋用□不获命;
29. □不绝书□问之学; 30. □态万方□贤下士。

♥♥♥ 答案链接 ♥♥♥➜▶

1. 才疏志 大学 以致用; 2. 秀外慧 中庸 人自扰;
3. 举一反 三国 泰民安; 4. 一概而 论语 重心长;
5. 名垂青 史记 忆犹新; 6. 绿林好 汉书 声琅琅;
7. 精忠报 国语 出惊人; 8. 气冲霄 汉书 记翩翩;
9. 相忍为 国语 无伦次; 10. 舍小求 大学 以致用;
11. 四不拗 六韬 光养晦; 12. 不刊之 论语 妙天下;

13. 万象更新论功行赏；　　14. 义不容辞源源不断；

15. 画中有诗经久不衰；　　16. 情见乎辞源头活水；

17. 大地回春秋高气爽；　　18. 持平之论语焉不详；

19. 寻行数墨子虚乌有；　　20. 倚老卖老子虚乌有；

21. 道听途说文无定法；　　22. 避难就易经明行修；

23. 美玉无瑕千篇一律；　　24. 不辞辛苦四通八达；

25. 话语孟浪经义子集；　　26. 理屈词穷辞无诠次；

27. 一字千金林林总总；　　28. 楚材晋用辞不获命；

29. 史不绝书记问之学；　　30. 仪态万方礼贤下士。

📖📖📖 3月5日 🐚🐚🐚

64 ☺☺☺ 根据成语猜字谜 ☺☺☺

请读读下面这些成语，再根据这些成语各猜射出一字谜。

1. 以身作则；谜底：　　　；　2. 因小失大；谜底：　　　；

3. 巧夺天工；谜底：　　　；　4. 心不在焉；谜底：　　　；

5. 颠三倒四；谜底：　　　；　6. 脱口而出；谜底：　　　；

7. 表里如一；谜底：　　　；　8. 瓜熟蒂落；谜底：　　　；

9. 异口同声；谜底：　　　；　10. 旭日东升；谜底：　　　；

11. 有目共睹；谜底：　　　；　12. 弹丸之地；谜底：　　　；

13. 引人入胜；谜底：　　　；　14. 出口成章；谜底：　　　；

15. 争先恐后；谜底：　　　；　16. 熙熙攘攘；谜底：　　　；

17. 唇齿相依；谜底：　　　；　18. 灭顶之灾；谜底：　　　；

19. 百里挑一；谜底：　　　；　20. 玩火自焚；谜底：　　　；

21. 顶天立地；谜底：　　　；　22. 三头六臂；谜底：　　　；

23. 三位一体；谜底：　　　；　24. 自相矛盾；谜底：　　　；

25. 唯我独尊；谜底：　　　；　26. 乌合之众；谜底：　　　；

27. 南腔北调；谜底：　　　；　28. 守株待兔；谜底：　　　；

29. 独具匠心；谜底：　　　。

♥♥♥ **答案链接** ♥♥♥→▶

1. 侧；2. 口；3. 人；4. 忿；5. 泪；6. 咄；7. 回；8. 爪；
9. 谐；10. 九；11. 者；12. 尘；13. 肚；14. 客；15. 急；
16. 侈；17. 呀；18. 火；19. 白；20. 林；21. 工；22. 众；
23. 王；24. 尖；25. 大；26. 黟；27. 访；28. 柳；29. 斤。

📖📖📖 3月6日 🐭🐭🐭

⑥⑤ ☺☺☺ **趣填《红楼梦》故事名称组成语** ☺☺☺.

请您在下列空方格里填入适当的四个字，组成《红楼梦》经典故事，并且使所填四个字的第一个字或最后一个字分别与每组每一横行原有的前三个字或最后三个字各自组成一条4字成语。

1. 曲尽其□□□□成于思； 2. 急中生□□□□不可医；
3. 心灵手□□□□言可畏； 4. 胡打海□□□□棘丛生；
5. 妆媒费□□□□密无间； 6. 八面威□□□□往知来；
7. 百鸟朝□□□□财害命； 8. 一字千□□□□膏继晷；
9. 文房四□□□□从口入； 10. 无价之□□□□以子贵；
11. 雨后天□□□□打雷劈； 12. 邹缨齐□□□□丹妙药；
13. 装疯卖□□□□必有据； 14. 纡青拖□□□□石俱焚；
15. 万紫千□□□□傅啸侣； 16. 满面春□□□□虚乌有；
17. 曲意逢□□□□祸于人； 18. 玉石俱□□□□不自禁；
19. 称王称□□□□文并茂； 20. 如获至□□□□同手足。

♥♥♥ **答案链接** ♥♥♥ → ▶

1. 曲尽其 妙玉修行 成于思； 2. 急中生 智能还俗 不可医；
3. 心灵手 巧姐慕人 言可畏； 4. 胡打海 摔玉负荆 棘丛生；
5. 妆媒费 黛玉投亲 密无间； 6. 八面威 风月宝鉴 往知来；

7. 百鸟朝凤姐巧谋财害命；　8. 一字千金桂自焚膏继晷；

9. 文房四宝钗问病从口入；　10. 无价之宝琴探母以子贵；

11. 雨后天晴雯归天打雷劈；　12. 邹缨齐紫鹃哭灵丹妙药；

13. 装疯卖傻姐多言必有据；　14. 纤青拖紫鹃试玉石俱焚；

15. 万紫千红颜薄命俦啸侣；　16. 满面春风尘怀子虚乌有；

17. 曲意逢迎春误嫁祸于人；　18. 玉石俱焚稿断情不自禁；

19. 称王称霸王调情文并茂；　20. 如获至宝玉试情同手足。

📖📖📖📖 3月7日 ☞☞☞☞

66 ☺☺☺ **成语趣味主角连连看（一）** ☺☺☺

有不少成语来源于历史故事，这些故事精彩绝伦，耐人寻味，故事主角更是令人景仰，寻根溯源，请您把下面的每一条成语故事和成语主角联系起来。

1. 浩然之气（　　）；　A、诸葛亮　　（　　）。

2. 坦腹东床（　　）；　B、文天祥　　（　　）。

3. 投笔从戎（　　）；　C、司马光　　（　　）。

4. 鞠躬尽瘁（　　）；　D、吕不韦　　（　　）。

5. 破缸救人（　　）；　E、周处　　（　　）。

6. 反清复明（　　）；　F、管宁　　（　　）。

7. 割席绝交（　　）；　G、郑成功　　（　　）。

8. 勇除三害（　　）；　H、刘琨，祖逖（　　）。

9. 一字千金（　　）；　I、岑彭　　（　　）。

10. 赤膊上阵（　　）；　J、王羲之　　（　　）。

11. 磨杵成针（　　）；　K、孙康　　（　　）。

12. 悬梁刺股（　　）；　L、许褚　　（　　）。

13. 得陇望蜀（　　）；　M、苏秦　　（　　）。

14. 映雪读书（　　）；　N、李白　　（　　）。

15. 千锤百炼（　　）；　O、班超

♥♥♥ 答案链接 ♥♥♥→▶

1. 浩然之气（B）；A、诸葛亮（4）。2. 坦腹东床（J）；
B、文天祥（1）。3. 投笔从戎（O）；C、司马光（5）。
4. 鞠躬尽瘁（A）；D、吕不韦（9）。5. 破缸救人（C）；
E、周处（8）。6. 反清复明（G）；F、管宁（7）。
7. 割席绝交（F）；G、郑成功（6）。8. 勇除三害（E）；
H、刘琨，祖逖（15）。9. 一字千金（D）；I、岑彭（13）。
10. 赤膊上阵（L）；J、王羲之（2）。11. 磨杵成针（N）；
K、孙康（14）。12. 悬梁刺股（M）；L、许褚（10）。
13. 得陇望蜀（I）；M、苏秦（12）。14. 映雪读书（K）；
N、李白（11）。15. 千锤百炼（H）；O、班超（3）。

📖📖📖 3月8日 ✍✍✍

[67] ☺☺☺ 成语词类词义活用 ☺☺☺.

请分别辨析指出下列成语中加点词的活用类型和意义。

1. 戴圆履方（ ）； 2. 披坚执锐（ ）；
3. 贵耳贱目（ ）； 4. 冰清玉洁（ ）；
5. 善善从长（ ）； 6. 金石为开（ ）；
7. 首当其冲（ ）； 8. 杀身成仁（ ）；
9. 石城汤池（ ）；10. 数见不鲜（ ）；
11. 春风风人（ ）；12. 生死肉骨（ ）；
13. 一如既往（ ）；14. 不远千里（ ）；
15. 敬而远之（ ）。

♥♥♥ 答案链接 ♥♥♥→▶

1. 形容词用作名词，指天；形容词用作名词，指地。2. 形容词用作名词，指坚固的护身衣；形容词用作名词，指兵器。3. 形容词意动用法，重视（耳朵听来的）；形容词意动用法，轻视（亲眼看见的）。4. 名词用作状语，像冰那样（清明）；名词用作状语，像玉那样（纯洁）。5. 形容词用作动词，称赞的意思；形容词用作名词，长处的意思。6. 形容词被动用法，（像金石那样坚硬的东西也）被感动了。7. 动词用作名词，要冲（交通要道）。8. 形容词用作名词，儒家道德的最高准则。9. 名词用作形容词，滚烫的（护城河）。10. 形容词用作名词，新杀的鲜活的鸟兽等禽畜。11. 名词用作动词，吹（人），比喻教化（人）。12. 名词使动用法，使（白骨）生肉（夸张的说法）。13. 数词用作程度副词；都，全的意思。14. 形容词活用为意动词，（不）以（千里）为远。15. 形容词活用为使动词，使（之）疏远。

📖📖📖 3月9日 ✍✍✍

68 ☺☺☺ "一字千金"回宫成语接龙 ☺☺☺

请在下列成语的空格内填上适当的字，从"一字千金"开始，写出 11 条成语，完成以"一字千金"为龙首，"一字千金"为龙尾的成语回宫接龙游戏。

一字千金，金□玉□，□而□信，信□开□，□情□理，理□词□，□山□水，水□渠□，□功□即，即□生□，□投意□，□二□一，一字千金。

♥♥♥ 答案链接 ♥♥♥→▶

一字千金，金口玉言，言而无信，信口开河，（注："河"与"合"谐音接龙），合情合理，理屈词穷，穷山恶水，水到渠成，成功在即，即景生情，情投意合，合二为一，一字千金。

📖📖📖 3月10日 ☞☞☞

69 ☺☺☺ 成语中的"动物世界"（一）☺☺☺.

成语中含有动物称谓的字有50余种,最常用的动物名称是"马"字,最不常用的动物名称是"蜻蜓"、"鹬蚌"、螃蟹、"鹡鸰"或"驴"、"虻"等字。请在下面每一条成语的每个方格内填入两个字,使其与原有的两个动物名称的文字分别组成一条4字成语,以组建成语中的"动物世界"。（计30条成语）。

虎□蛇□, 狐□虎□, 兔□狐□, 牛□蛇□, 牛马□□,
□牛□马, 兔□兔□, 兔□雀□, 鼠□狗□, □雀□鼠,
驴□狗□, □驴□马, 鸡□狗□, 鸡□狗□, 羊□虎□,
□鹰□狗, □鱼□雁, 封豕□蛇, 凤□麟□, □鹡□鸰,
龙□凤□, 龙□虎□, 龙□豹□, 龙□虎□, 龙□凤□,
狐□虎□, 莺□燕□, 猴□马□, 虎□龙□, □凤□龙。

♥♥♥ 答案链接 ♥♥♥→►

虎头蛇尾, 狐假虎威, 兔死狐悲, 牛鬼蛇神, 牛马精神,
土牛木马, 兔起兔举, 兔趋雀跃, 鼠窃狗盗, 罗雀掘鼠,
驴鸣狗吠, 非驴非马, 鸡鸣狗盗, 鸡零狗碎, 羊质虎皮,
飞鹰走狗, 沉鱼落雁, 封豕长蛇, 凤毛麟角, 刻鹡类鸳,
龙飞凤舞, 龙盘虎踞, 龙肝豹胎, 龙吟虎啸, 龙跃凤鸣,
狐假虎威, 莺歌燕舞, 猴年马月, 虎盘龙蟠, 麟凤龟龙。

📖📖📖📖 3月11日 ☞☞☞

70 ☺☺☺同位同义词成语乐悠悠（一）☺☺☺.

同义词交叉搭配并列连用可构成成语，具有加重语气、突出形象、增强力量的作用。例如：成语"雄心壮志"中，"雄"、"壮"同义且同位（同一词性），"心"、"志"同义且同位（同一词性），请列举出60条这样的4字成语。

♥♥♥ 答案链接 ♥♥♥ → ▶

潜移默化，	心直口快，	罪大恶极，	提心吊胆，	喜闻乐见，
翻江倒海，	深思熟虑，	贤妻良母，	忘恩负义，	生龙活虎，
疾雷迅电，	唉声叹气，	残兵败将，	山穷水尽，	旁敲侧击，
心领神会，	油嘴滑舌，	飞檐走壁，	清风明月，	清规戒律，
循规蹈矩，	疾雷迅电，	丰衣足食，	驾轻就熟，	招风惹雨，
千姿百态，	云行雨施，	豪情壮志，	讳疾忌医，	回心转意，
陈规陋习，	随波逐浪，	车殆马烦，	车水马龙，	狂风恶浪，
风调雨顺，	珠联璧合，	珠圆玉润，	铢积寸累，	蛛丝马迹，
珠围翠绕，	被发缨冠，	劈头盖脸，	皮开肉绽，	虚情假意，
心灰意冷，	心慌意乱，	心狠手辣，	金枝玉叶，	雄才大略，
甜言蜜语，	添砖加瓦，	旁征博引，	抛头露面，	敲金击石，
敲冰戛玉，	引类呼朋，	鸢飞鱼跃，	揆情度理，	人杰地灵。

📖📖📖📖 3月12日 ☞☞☞

71 ☺☺☺填补回宫龙成语连连转 ☺☺☺.

请在下图方格里填入适当的字，使之构成以"成"为龙头又以"成"字为龙尾的首尾贯通相连的9条4字成语回宫接龙连连转。

成										
成	❀ 回 宫 龙 成 ⊕ 语 连 连 转 ❀									
	❀ 回 宫 龙 成 ⊕ 语 连 连 转 ❀									

♥♥♥ 答案链接 ♥♥♥➔▶

成	千	上	万	事	大	吉	星	高	照	本	宣
成	❀ 回 宫 龙 成 ⊕ 语 连 连 转 ❀										科
呵	❀ 回 宫 龙 成 ⊕ 语 连 连 转 ❀										头
气	一	如	终	始	伊	车	下	首	上	足	跣

📖📖📖 3月13日 🖐🖐🖐

72 ☺☺☺ 吉尼斯"成语之最"（一）☺☺☺.

有趣的成语之最：有些成语通过巧妙联想构思，成为有趣的"成语之最"，创造了成语中的"吉尼斯纪录"，可谓妙趣横生，幽默无比，标新立异，回味无穷。请您写出一些这样有趣的"成语之最"，并请记住这些"成语之最"，驾驭好这些成语中的"战斗机"，您一定会很棒噢！大家一起努力吧，来创造一项最新最快速度熟记"成语之最"的吉尼斯纪录！

1. 最谦虚的人——　　　　　　；2. 最骄傲的人——　　　　　　；

3. 最吝啬的人——　　　　　　；4. 最阴险的人——　　　　　　；

5. 最公正的人——　　　　　　；6. 最笨拙的人——　　　　　　；

7. 最廉洁的人——　　　　　　；8. 最贫穷的人——　　　　　　；

9. 最高大的巨人——　　　　　；10. 最有学问的人——　　　　　；

11. 最富有的人——　　　　　　；12. 最忙碌的人——　　　　　　；

13. 最爱挑剔的人——　　　　　；14. 最凶的人——　　　　　　；

15. 最善良的人—— ； 16. 最高明的医术—— ；
17. 最重的头发—— ； 18. 最遥远的地方—— ；
19. 最荒凉的地方—— ； 20. 最悬殊的区别—— ；
21. 最反常的气候 ； 22. 最宝贵的话语—— ；
23. 最昂贵的稿费—— ； 24. 最绝望的前途—— ；
25. 最难做的饭—— ； 26. 最长的寿命—— ；
27. 最快的速度 ； 28. 最大的跨度—— ；
29. 最小气的人—— ； 30. 最快的流水—— ；
31. 最高的瀑布—— ； 32. 最美丽的女人—— ；
33. 最小的信箱—— ； 34. 最高的柱子—— ；
35. 最大的被子—— ； 36. 最自信的人—— ；
37. 最长的一天—— ； 38. 最少的俸禄—— ；
39. 最合算的交易—— ； 40. 最奇缺的人才—— 。

♥♥♥ 答案链接 ♥♥♥→▶

1. 最谦虚的人——虚怀若谷； 2. 最骄傲的人——目空一切；
3. 最吝啬的人——爱财如命； 4. 最阴险的人——人面兽心；
5. 最公正的人——铁面无私； 6. 最笨拙的人——一窍不通；
7. 最廉洁的人——两袖清风； 8. 最贫穷的人——一贫如洗；
9. 最高大的巨人——顶天立地；10. 最有学问的人——博古通今；
11. 最富有的人——腰缠万贯； 12. 最忙碌的人——日理万机；
13. 最爱挑剔的人——评头论足；14. 最凶的人——心狠手辣；
15. 最善良的人——菩萨心肠；16. 最高明的医术——起死回生；
17. 最重的头发——一发千钧；18. 最遥远的地方——天涯海角；
19. 最荒凉的地方——不毛之地；20. 最悬殊的区别——天壤之别；
21. 最反常的气候——晴天霹雳；22. 最宝贵的话语——金玉良言；
23. 最昂贵的稿费（文字）——一字千金（一字连城）；
24. 最绝望的前途——山穷水尽；25. 最难做的饭——无米之炊；
26. 最长的寿命——万寿无疆；27. 最快的速度——风驰电掣；

28. 最大的跨度——一步登天；29. 最小气的人——一毛不拔；

30. 最快的流水——一泻千里；31. 最高的瀑布——一落千丈；

32. 最美丽的女人——国色天香；33. 最小的信箱——难以置信；

34. 最高的柱子——一柱擎天；35. 最大的被子——铺天盖地；

36. 最自信的人——果干自信；37. 最长的一天——度日如年；

38. 最少的俸禄——升斗之禄；39. 最合算的交易——以羊易牛；

40. 最奇缺的人才——斗南一人。

3 月 14 日

73 ☺☺☺ 火眼金睛纠正成语错别字 ☺☺☺.

下列成语中，各有一个错别字，请找出来并予以纠正。

1. 委屈求全（ ）；　2. 黄梁美梦（ ）；　3. 飞扬拔扈（ ）；

4. 如火如荼（ ）；　5. 按步就班（ ）；　6. 风尘朴朴（ ）；

7. 当务之机（ ）；　8. 成群接队（ ）；　9. 深恶痛决（ ）；

10. 持之一恒（ ）；11. 名符其实（ ）；12. 虎视眈眈（ ）；

13. 风驰电掣（ ）；14. 丰功伟迹（ ）；15. 皮开肉锭（ ）；

16. 一唱一合（ ）；17. 贪脏枉法（ ）；18. 陈词烂调（ ）；

19. 胆颤心惊（ ）；20. 颠到是非（ ）；21. 囵囵有神（ ）；

22. 错手不及（ ）；23. 惊惶失措（ ）；24. 蜂涌而入（ ）；

25. 弧假虎威（ ）；26. 一摸一样（ ）；27. 一举二得（ ）；

28. 大有做为（ ）；29. 千幸万苦（ ）；30. 千遍一律（ ）；

31. 不可摩灭（ ）；32. 日集月累（ ）；33. 风餐路宿（ ）；

34. 坚忍不拔（ ）；35. 颠朴不破（ ）；36. 干劲倍增（ ）；

37. 见逢插针（ ）；38. 心有余季（ ）；39. 支离坡碎（ ）；

40. 无利取闹（ ）；41. 凶相毕路（ ）；42. 雷霆万勾（ ）；

43. 司空见贯（ ）；44. 阴谋鬼计（ ）；45. 离经判道（ ）。

♥♥♥ 答案链接 ♥♥♥→▶

（注：后括号里的字是正确的字）。

1. 屈（曲）；2. 梁（樑）；3. 拔（跋）；4. 茶（荼）；5. 步（部）；
6. 朴朴（仆仆）；7. 机（急）；8. 接（结）；9. 决（绝）；
10. 一（以）；11. 符（副）；12. 耽耽（眈眈）；13. 挈（掣）；
14. 迹（绩）；15. 锭（绽）；16. 合（和）；17. 脏（赃）；
18. 烂（滥）；19. 颤（战）；20. 到（倒）；21. 囧囧（炯炯）；
22. 错（措）；23. 惶（慌）；24. 涌（拥）；25. 弧（狐）；
26. 摸（模）；27. 二（两）；28. 做（作）；29. 幸（辛）；
30. 遍（篇）；31. 摩（磨）；32. 集（积）；33. 路（露）；
34. 忍（韧）；35. 朴（扑）；36. 培（倍）；37. 逢（缝）；
38. 季（悸）；39. 坡（破）；40. 利（理）；41. 路（露）；
42. 匀（钧）；43. 贯（惯）；44. 鬼（诡）；45. 判（叛）。

📖📖📖 3月15日 🙰🙰🙰

74 ☺☺☺ 古诗成语谜 ☺☺☺.

古诗谜是以古诗句为谜面而猜射出谜底的谜语，请您根据下列古诗句分别猜射出相关的4字成语。

1. 日出江花红似火；2. 有缘千里来相会；3. 轻舟已过万重山；
4. 山雨欲来风满楼；5. 春从春游夜专夜；6. 桃花依旧笑春风；
7. 醉翁之意不在酒；8. 不知何处是他乡；9. 火树银花不夜天；
10. 千里莺啼绿映红；11. 东风夜放花千树；12. 少小离家老大回；
13. 桃花潭水深千尺；14. 夜阑卧听风吹雨；15. 犹有黄花晚节香；
16. 千里迢迢来赏菊；17. 遥看瀑布挂前川；18. 飞流直下三千尺；
19. 落花时节又逢君；20. 黄河之水天上来；21. 尔曹身与名俱灭；
22. 青出于蓝胜于蓝；23. 无心插柳柳成荫；24. 行人折尽章台柳；
25. 踏尽铁鞋无觅处；26. 零丁洋里叹零丁；27. 卷我屋上三重茅；

28. 千门万户曈曈日；29. 张公喝酒李公醉；30. 春风得意马蹄疾；
31. 春雨连绵妻独宿；32. 众人皆醉我独醒；33. 说尽心中无限事；
34. 此曲只应天上有；35. 孤帆远影碧空尽；36. 唯见长江天际流；
37. 踏花归来马蹄香；38. 古来征战几人回；39. 零落成泥碾作尘；
40. 直挂云帆济沧海。

♥♥♥ 答案链接 ♥♥♥→▶

1. 阳刚之美；2. 不近人情；3. 一帆风顺；4. 居高临下；
5. 黑白不分；6. 目中无人；7. 乐山乐水；8. 四海为家
9. 千姿百态；10. 有声有色；11. 多姿多彩；12. 早出晚归；
13. 无与伦比；14. 下落不明；15. 孤芳自赏；16. 走马观花；
17. 高山流水；18. 山高水长；19. 屡见不鲜；20. 源远流长；
21. 川流不息；22. 徒有其名， 好色之徒；23. 出其不意；
24. 一丝不挂；25. 求之不得；26. 文山会海；27. 风吹草动；
28. 无所不晓；29. 颠三倒四；30. 乐在其中；31. 天下无双；
32. 独清独醒， 特立独行；33. 畅所欲言；34. 不同凡响；
35. 独来独往；36. 川流不息；37. 回味无穷；38. 损兵折将；
有去无回；39. 一败涂地；40. 经济腾飞（新词语）。

📖📖📖 3月16日 ☞☞☞

【75】 ☺☺☺ 根据数字猜成语谜 ☺☺☺.

数字在日常生活中无所不在，数字与成语的关系又是息息相关
的，请根据下面的数字和谜格要求，分别猜射相关的成语。

1. 一；2. 一；3. 二；4. 二；5. 三；6. 四；7. 四（帽格谜）；8. 五；
9. 五（探骊格谜）；10. 七；11. 八（脱靴格谜）；12. 八（蕉心格谜）；
13. 九；14. 十；15. 十（白头格谜）；16. 十（白头格谜）；17. 十；
18. 10；19. 十五；20. 0；21. 0000；22. 二五；23. 33；24. 1, 2, 4, 3；

25. 2.5；26. 六十二；27. 六六六；28. 1256789；29. 23456789；
30. 1，2，5；31. 1000；32. 二 三 四 五 六 七 八 九；33. 333
555……；34. 3456789；35. 六九（九六）；36. 八十八；37. 1，2，
3，4，5，6，7；38. 九四；39. 九十九（红豆格谜）；40. 1，3，5，7。

♥♥♥ 答案链接 ♥♥♥→▶

1. 接二连三；2. 大有人在；3. 始终如一；4. 偶一为之；
5. 始终如一；6. 出口伤人；7. 怒目横视；8. 三言两语，不言不语；
（解析：采用谜底抵消法，谜底"不言不语"为抵消语，可将"三
言两语"中的"言"、"语"二字销掉，只剩下"三"和"两"二
字，两数相加为"五"，因此正扣合谜面"五"）；9. 哑口无言；
10. 比比皆是；11. 挖空心思；12. 小心翼翼；13. 三十六计；
14. 纵横交错；15. 目中无人；16. 成（乘）千上万；（解析："十"
乘以 1000 等于 10000）；17. 一分为二；18. 一扫而空；19. 七拼
八凑，一五一十；20. 空洞无物；21. 万无一失；22. 低三下四；
23. 靡靡之音；（解析：在音乐乐谱中"33"念"靡靡"之音）。
24. 颠三倒四；25. 接二连三；26. 七零八落，（解析："七零"即
70，落去 8 即是 62）；27. 交头接耳；28. 丢三落四；29. 一发而
不可收拾；30. 丢三落四；31. 漏洞百出；32. 缺衣（一）少食（十）；
33. 三五成群；34. 一干二净；35. 七上八下；36. 入木三分；
37. 八九不离十；38. 三三两两；39. 百无一是；40. 无奇不有。

📖📖📖📖 **3月17日** ☞☞☞

76 ☺☺☺ "春风化雨"趣填成语 ☺☺☺.

春暖花开，"春姑娘"老师已悄然走进千家万户，满面春风，春风化雨，教学相长。请在下图方格内填入适当的字，使之每一横行横向读分别与"春"、"风"、"化"、"雨"这4个字中指定的某一个字组拼成为16条4字词语。

```
春 □ □ □ □ □ 风
  □ 春 □ □ □ 风 □
  □ □ 春 □ 风 □ □
  □ □ □ 春 风 □ □
  □ □ □ 化 雨 □ □
  □ □ □ 化 □ 雨 □ □
  □ 化 □ □ □ 雨 □
化 □ □ □ □ □ 雨
```

♥♥♥ **答案链接** ♥♥♥➜▶

```
春 风 得 意 如 坐 春 风
阳 春 白 雪 春 风 风 人
雨 后 春 笋 春 风 满 面
大 地 回 春 风 和 日 丽
随 俗 雅 化 雨 后 天 晴
逢 凶 化 吉 风 雨 同 舟
美 化 环 境 风 吹 雨 打
化 零 为 整 春 风 化 雨
```

3 月 18 日

77 ☺☺☺ 填反义词组熟语 ☺☺☺.

请在下面空括号里填入词义完全相反的一对反义词，完成下列谚语、格言和成语等熟语。

1.（ ）人不做（ ）事；2.（ ）水不解（ ）渴；

3.（ ）马当（ ）马医；4. 一（ ）不烦二（ ）；

5. 兼听则（ ），偏听则（ ）；6. 耳听为（ ），眼见为（ ）；

7. 人无（ ）虑，必有（ ）忧；8.（ ）水不救（ ）火；

9.（ ）不忍则乱（ ）谋；10.（ ）巫见（ ）巫；

11. 学如逆水行舟，不（ ）则（ ）；

12.（ ）（ ）乃（ ）（ ）之母。

♥♥♥ 答案链接 ♥♥♥→►

1.（明）人不做（暗）事；2.（远）水不解（近）渴；3.（死）马当（活）马医；

4. 一（客）不烦二（主）；5. 兼听则（明），偏听则（暗）；

6. 耳听为（虚），眼见为（实）；7. 人无（远）虑，必有（近）忧；

8.（远）水不救（近）火；9.（小）不忍则乱（大）谋；10.（小）巫见（大）巫；

11. 学如逆水行舟，不（进）则（退）；12.（失）（败）乃（成）（功）之母。

3 月 19 日

78 ☺☺☺ 我问您答齐互动 ☺☺☺.

1. ［辨别成语词性］"画龙点睛"的"点"和"纸上有个墨点儿"的"点"各是哪一类词？"点头示意"中的"点"和"三点意见"的"点"各是哪一类词？

2. ［十八般武艺］在古典小说里，描写英勇善战武艺高超全面的高人健将，常说。"十八般武艺，件件皆精。"那么，"十八般武艺"含有哪十八件兵器呢？成语"十八般武艺"是表示什么意思呢？

3. [鼠目寸光]成语："鼠目寸光"形容眼光短浅，只能看到近处、小处，看不到远处、大处。那么，老鼠有没有患近视眼疾病呢？

♥♥♥ 答案链接 ♥♥♥ → ▶

1. "画龙点睛"的"点"字是动词，"纸上有个墨点儿"的"点"字是名词；"点头示意"中的"点"字是动词，"三点意见"的"点"字是一种量词。

2. "十八般武艺"包括弓、弩、枪、刀、矛、剑、盾、斧、钺、戟、鞭、锏（简）、殳（扒）、挝、叉、耙头、锦绳（或套索）、白打这十八样兵器。"十八般武艺"原来泛称多种武术，后来也比喻各种技能和各行各业的多面手，任何工作都拿得起来而且都能做得很好。

3. 成语"鼠目寸光"虽然形容眼光短浅，只能看到近处、小处，看不到远处、大处。但老鼠并没有患近视眼疾病。

📖📖📖 3月20日 ☞☞☞

79 ☺☺☺ 填补谚语成语 ☺☺☺.

根据上句填写下句，使其成为一句由谚语转化而来的成语。如：千里之行，始于足下。

1. 少壮不努力，_____。　　2. 万事俱备，_____。

3. 天下兴亡，_____。　　4. 一叶障目，_____。

5. 只要功夫深，_____。　　6. 兵贵神速，_____。

7. 一言既出，_____。　　8. 聚沙成塔，_____。

9. 顺我者昌，_____。　　10. 鞠躬尽瘁，_____。

11. 司马昭之心，_____。   12. 瓜无滚圆，_____。

13. 即以其人之道，_____。   14. 众人一条心，_____。

15. 三个臭皮匠，_____。   16. 十年树木，_____。

17. 若要人不知，_____。   18. 学如逆水行舟，_____。

19. 人无远虑，_____。   20. 只许州官放火，_____。

21. 皮之不存，_____。   22. 沉舟侧畔千帆过，_____。

23. 各人自扫门前雪，_____。   24. 宁为玉碎，_____。

25. 前人栽树，_____。   26. 以小人之心，_____。

27. 不是东风压了西风，_____。   28. 舍得一身剐，_____。

29. 做一日和尚，_____。   30. 长袖善舞，_____。

31. 当局者迷，_____。   32. 近朱者赤，_____。

33. 知无不言，_____。   34. 生于忧患，_____。

35. 国以民为本，_____。

♥♥♥ 答案链接 ♥♥♥ → ▶

1. 老大徒伤悲；2. 只欠东风；3. 匹夫有责；4. 不见泰山；

5. 铁杵磨成针；6. 机不可失；7. 驷马难追；8. 聚腋成裘；

9. 逆我者亡；10. 死而后已；11. 路人皆知；12. 人无十全；

13. 还治其人之身；14. 黄土变成金；15. 赛过诸葛亮；

16. 百年树人；17. 除非己莫为；18. 不进则退；19. 必有近忧；

20. 不许百姓点灯；21. 毛将焉附；22. 病树前头万木春；

23. 莫管他人瓦上霜；24. 不为瓦全；25. 后人乘凉；

26. 度君子之腹；27. 就是西风压了东风；28. 敢把皇帝拉下马；

29. 撞一天钟；30. 多财善贾；31. 旁观者清；32. 近墨者黑；

33. 言无不尽；34. 死于安乐；35. 民以食为天。

📖📖📖 3月21日 ☞☞☞

80 ☺☺☺ 成语典故碰碰车乐园 ☺☺☺.

请把下列成语和成语的出处用直线连接匹配，以组建成语典故碰碰车乐园。

1. 尽忠报国　　　　　　《新序》；

2. 刻舟求剑　　　　　　战国·韩非《韩非子》；

3. 和光同尘　　　　　　战国·吕不韦《吕氏春秋》；

4. 叶公好龙　　　　　　春秋战国·庄子《秋水》；

5. 乘兴而来　　　　　　春秋·左丘明《左传》；

6. 断章取义　　　　　　战国·荀况《荀子》；

7. 锲而不舍，金石可镂　《晋书》；

8. 郑人买履　　　　　　明·刘基《诚意伯集·卖柑者言》；

9. 急来抱佛脚　　　　　《宋史·岳飞传》；

10. 金玉其外，败絮其中　汉·司马迁《史记·项羽本纪》；

11. 望洋兴叹　　　　　　春秋·李耳（老聃）《老子》；

12. 项庄舞剑，意在沛公　宋·刘攽《刘贡父说话》；

13. 背城借一　　　　　　春秋·左丘明《左传》；

14. 旷日持久　　　　　　战国·孟轲《孟子·尽心篇》；

15. 脍炙人口　　　　　　西汉·刘向《战国策·赵策》。

♥♥♥ 答案链接 ♥♥♥➔▶

1. 尽忠报国——《宋史·岳飞传》；2. 刻舟求剑——战国·吕不韦《吕氏春秋》；3. 和光同尘——春秋·李耳（老聃）——《老子》；4. 叶公好龙——《新序》；5. 乘兴而来—《晋书》；6. 断章取义——春秋·左丘明《左传》；7. 锲而不舍，金石可镂——战国·荀况《荀子·劝学》；8. 郑人买履——战国.《韩非子》；9. 急来抱佛脚——宋·刘攽《刘贡父说话》；10. 金玉其外，败絮其中——明·刘基

《诚意伯集·卖柑者言》；11. 望洋兴叹——春秋战国·庄子《秋水》；12. 项庄舞剑，意在沛公——汉·司马迁《史记·项羽本纪》；13. 背城借一——春秋·左丘明《左传》；14. 旷日持久——西汉·刘向《战国策·赵策》；15. 脍炙人口——战国·孟轲《孟子·尽心篇》。

3月22日

81 ☺☺☺ 填"千□万□"成语 ☺☺☺

在下面的空方格里填上恰当的字,组成35条常用的"千□万□"和"万□千□"句式成语。

1. 千□百□; 2. 千□万□; 3. 千□万□; 4. 千□万□；
5. 千□万□; 6. 千□万□; 7. 千□万□; 8. 千□万□；
9. 千□万□; 10. 千□万□; 11. 千□万□; 12. 千□万□；
13. 千□万□; 14. 千□万□; 15. 千□万□; 16. 千□万□；
17. 千□万□; 18. 千□万□; 19. 千□万□; 20. 千□万□；
21. 千□万□; 22. 千□万□; 23. 千□万□; 24. 千□万□；
25. 千□万□; 26. 千□万□; 27. 千□万□; 28. 千□万□；
29. 千□万□; 30. 万□千□; 31. 万□千□; 32. 万□千□；
33. 万□千□; 34. 万□千□; 35. 万□千□。

♥♥♥ 答案链接 ♥♥♥➔►

1. 千方百计; 2. 千呼万唤; 3. 千仓万箱; 4. 千叮万嘱；
5. 千村万落; 6. 千红万紫; 7. 千山万水; 8. 千军万马；
9. 千仇万恨; 10. 千态万状; 11. 千门万户; 12. 千头万绪；
13. 千秋万代; 14. 千丝万缕; 15. 千真万确; 16. 千秋万岁；
17. 千辛万苦; 18. 千恩万谢; 19. 千家万户; 20. 千难万险；
21. 千言万语; 22. 千岩万壑; 23. 千变万化; 24. 千差万别;

25. 千难万难；26. 千端万绪；27. 千刀万剐；28. 千秋万古；
29. 千千万万；30. 万水千山；31. 万岁千秋；32. 万古千秋；
33. 万缕千丝；34. 万紫千红；35. 万马千军。

📖📖📖 3月23日 ☞☞☞

 ☺☺☺ **成语谜语猜猜猜** ☺☺☺.

请分别以下列谜面各猜射一条4字成语谜语。

1. 地雷；2. 枕头；3. 靶心；4. 爬山比赛；5. 只看中间；

6. 燃眉之急；7. 改奏为春；8. 原地踏步；9. 杜十娘怒沉百宝箱；

10. 征求谜面；11. 广播剧；12. 电梯；13. 伴奏；14. 鹦鹉学舌；

15. 快刀斩乱麻；16. 大合唱；17. 照相底片；

18. 絮炮，进车，跳马，飞象，上士，出将；19. 缺货通知；

20. 最新记录；21. 口传家书；22. 军事论文；23. 杭改作航；

24. 小雪；25. 伞兵；26. 逆水而上；27. 王母娘娘蟠桃会；

28. 幸福院里笑声多；29. 手拿谜条猜不着；30. 众；

31. 百花齐放，百家争鸣；32. 药到病除；33. 高论高论；

34. 大唐西游记；35. 大海的歌声；36. 张衡；37. 接风酒；

38. 祝酒词；39. 爱抚；40. 楚辞；41. 重阳；42. 爱好旅游；

43. 有了阳光便发芽；44. 一言既出，驷马难追；45. 电子计算机

46. 长途电话；47. 计划生育是国家规划的基本国策；48. 跳伞着陆；

49. 列车从中转站发车；50. 春耕夏耘秋收冬藏。

♥♥♥ 答案链接 ♥♥♥➔▶

1. 一触即发；2. 置之度外；3. 众矢之的；4. 捷足先登（步步高升）；

5. 不相上下；6. 触目惊心；7. 偷天换日；8. 停滞不前；

9. 一掷千金；10. 与虎谋皮；11. 以耳代目；12. 能上能下；

13. 助人为乐；14. 人云亦云；16. 异口同声；17. 颠倒黑白；

18. 按兵不动；19. 言之有物；20. 史无前例；21. 言而无信；
22. 纸上谈兵；23. 木已成舟；24. 天花乱坠；25. 从天而降；
26. 激流勇进；27. 聚精会神；28. 老有所乐；29. 执迷不悟；
30. 三头六臂；31. 有声有色；32. 患得患失；33. 夸夸其谈；
34. 一本正经；35. 洋腔洋调；36. 等量齐观；37. 曲意逢迎；
38. 字斟句酌；39. 手下留情；40. 不欢而散；41. 一日千里；
42. 喜出望外；43. 来日方长；44. 谈何容易；45. 心中有数；
46. 广开言路；47. 国计民生；48. 脚踏实地；49. 继往开来；
50. 因时制宜。

📖📖📖 3月24日 ☞☞☞

83 ☺☺☺ **智闯成语迷宫** ☺☺☺.

　　请您从下图的"虎"字进入迷宫，至"行"字走出迷宫，横、竖、斜都可以走，不得有空格现象，且迷宫4角呈现"龙虎山行"4字，您能把此图中的64个文字连接成21条4字成语接龙吗？🐌 ⬐

虎	盘	根	期	不	远	而	行
踞	龙	错	为	骐	求	贯	鱼
缩	衣	节	作	骥	子	及	豚
食	肉	寝	有	文	龙	信	无
春	里	皮	大	江	学	言	而
秋	月	春	广	立	海	斯	汉
云	虎	风	通	云	丧	气	河
龙	马	精	神	垂	头	壮	山

♥♥♥ 答案链接 ♥♥♥➡▶

虎踞龙盘 ➡ 盘根错节 ➡ 节衣缩食 ➡ 食肉寝皮 ➡ 皮里春秋 ➡
秋月春风 ➡ 凤虎云龙 ➡ 龙马精神 ➡ 神通广大 ➡ 大有作为 ➡

为期不远 ➡ 远求骐骥 ➡ 骥子龙文 ➡ 文江学海 ➡ 海立云垂 ➡
垂头丧气 ➡ 气壮山河 ➡ 河汉斯言 ➡ 言而无信 ➡ 信及豚鱼 ➡
鱼贯而行。

📖📖📖 3月25日 ☞☞☞

84 ☺☺☺ 趣填反义字组成语 ☺☺☺.

请在下列成语中的括号里填入与每一组意思相反的字，以打造
由反义词构成的4字成语。

1. 积（）成多；　2. 忆苦思（）；　3. 东奔（）跑；

4. 大惊（）怪；　5. 南腔（）调；　6. 转（）为胜；

7. 出（）入死；　8. （）尽甘来；　9. 阳奉（）违；

10. 声（）击西；　11. 不进则（）；　12. 外强（）干；

13. 百废待（）；　14. 山（）水深；　15. 不破不（）；

16. 化（）为夷；　17. 半信半（）；　18. 去伪存（）；

19. 古为（）用；　20. 本（）倒置；　21. 左顾（）盼；

22. 损人利（）；　23. 有始有（）；　24. 损公肥（）；

25. 好逸恶（）；　26. 来龙（）脉；　27. 弄假成（）；

28. 明争（）斗；　29. 舍己为（）；　30. 知己知（）；

31. 前因（）果；　32. 环肥燕（）；　33. 欺下瞒（）；

34. 锄强扶（）；　35. 改邪归（）；　36. 彰（）瘅恶；

37. 少见（）怪；　38. 舍（）求末；　39. 除旧布（）；

40. （）来暗往。

♥♥♥ 答案链接 ♥♥♥➡▶

1. 少；　2. 甜；　3. 西；　4. 小；　5. 北；　6. 败；　7. 生；

8. 苦；　9. 阴；　10. 东；　11. 退；　12. 中；　13. 兴；　14. 高；

15. 立；　16. 险；　17. 疑；　18. 真；　19. 今；　20. 末；　21. 右；

22. 己；　23. 终；　24. 私；　25. 劳；　26. 去；　27. 真；　28. 暗；

29. 人；30. 彼；31. 后；32. 瘦；33. 上；34. 弱；
35. 正；36. 善；37. 多；38. 本；39. 新；40. 明。

📖📖📖 3月26日 ☜☜☜

85 ☺☺☺ 人体器官部位成语健身会馆（一）☺☺☺.

春回大地，万物生发，生命不止，运动不断，请大家一起行动起来健身吧，填填看！运动就是休闲，生命在于运动哦～～～。请在下面图中的方格内填入适当的字，这些字都与人体器官部位有关，您能在3分钟内填出来吗？使下图每一竖行都成为一条成语。（计26条成语）。现在开始倒计时 ➡Three—two—one—go➡

贫	疾	披	推	钢	牵	狼	嬉	虎	袒	披	摇	虫
薄	蹙	沥	置	铁	挂	狗	笑	熊	露	散	鼓	鼠

○ ⌒⌒⌒⌒⌒⌒ ★ ⌒⌒⌒⌒⌒⌒ ○

咬	抓	十	一	龙	冰	摩	笨	朗	油	抚	亚	锦
切	挠	连	一	豹	玉	接	拙	疏	滑	扼	叠	绣

♥♥♥ 答案链接 ♥♥♥➡▶

贫嘴薄舌，疾首蹙额，披肝沥胆，推心置腹，钢筋铁骨，
牵肠挂肚，狼心狗肺，嬉皮笑脸，虎背熊腰，袒胸露臂，
披头散发，摇唇鼓舌，虫臂鼠肝，咬牙切齿，抓耳挠腮，
十指连心，一手一足，龙肝豹胆，冰肌玉骨，摩肩接踵，
笨口拙舌，朗目疏眉，油嘴滑舌，抚背扼喉，压肩叠背，
锦心绣口。

📖📖📖 3月27日 ☞☞☞

86 ☺☺☺《登鹳雀楼》与成语接龙游戏 ☺☺☺.

　　填成语连读藏头龙诗句：唐代诗人王之涣有首名诗《登鹳雀楼》，就是："白日依山尽，黄河入海流。欲穷千里目，更上一层楼"。请您根据王之涣这首脍炙人口的五言绝句，写出两组20条4字成语诗句接龙来。（温馨提示：要求每一条成语首字（或其中某一个字）都必须依次分别是该诗句中的某一个字，如：白——白驹过隙，等等。）

♥♥♥ 答案链接 ♥♥♥→▶

1. 白头如新，日久天长，依流平进，山清水秀，尽力而为，黄花晚节，河清难俟，入境问禁，海枯石烂，流言蜚语。欲盖弥彰，穷则思变，千门万户，里通外国，目送手挥，更深人静，上下其手，一览无余，层峦叠嶂，楼台亭阁。（注：此系首字连读藏头诗句）。

2. 白璧微瑕，日新月异，依依不舍，山清水秀，尽心竭力，黄粱美梦，河山带砺，入木三分，海晏河清，流芳百世。欲壑难填，穷凶极恶，千钧一发，里应外合，目瞪口呆，更深人静，上行下效，一心一意，层出不穷，海市蜃楼。

📖📖📖📖 3月28日 ☞☞☞

87 ☺☺☺ 巧移火柴棒，成语变英语 ☺☺☺.

　　古往今来，人们喜欢把火柴棒拼成一些有趣的图形，用火柴棒做许多有趣的游戏，在游戏中增知识、长智慧。玩火柴棒游戏有很多窍门，只要大胆尝试，一定会从中获得无穷的乐趣。下图是用13根火柴棒摆成的成语"七上八下"，现在请您在每个字中移动一根火柴棒，使之变成为一条英语单词，这条英语单词的中文含义是什么呢？

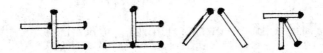

♥♥♥ 答案链接 ♥♥♥→▶

成语"七上八下"移火柴棒可变成这条英语单词是："EVEN"，它的中文含义是："傍晚，黄昏"，相当于"Evening"，系诗歌用语；也可以用作加强语气词语"即使，甚至"或形容词"平坦；平滑；平静；平衡"。（解析：从"七"字左半部分抽出一根横的火柴棒横放在原"七"字最上面可构成字母"E"字；从"上"字左下半部位抽出一根横的火柴棒横放在原"上"字的最上面可构成字母"E"字；从"八"字左半部分抽出一根撇笔画的火柴棒后呈撇状斜放在原"八"字的右半部分可构成字母"V"字；再从"下"字上半部分抽出一根横的火柴棒竖放在原"下"字的右半部位可构成字母"N"字，这样"E"、"E"、"V"、"N"这4个字母就一起组拼成"EVEN"这条英语单词，可见下图所示）。

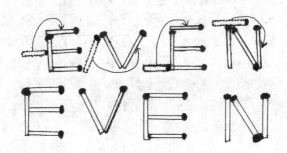

3月29日

88 ☺☺☺ 巧填成语更正错误影片名 ☺☺☺.

下面每组电影片名中都含有错别字，请在方格内分别用一条适当的成语，更正这些错误的影片名。

1.《但愿己长久》➜ □□□□ ➜《□□□□□》。
2.《激战实名川》➜ □□□□ ➜《□□□□□》。
3.《直线己方块》➜ □□□□ ➜《□□□□□》。
4.《十二次列卒》➜ □□□□ ➜《□□□□□》。
5.《伪是烦死人》➜ □□□□ ➜《□□□□□》。
6.《来的都非客》➜ □□□□ ➜《□□□□□》。
7.《英雄坦克病》➜ □□□□ ➜《□□□□□》。
8.《陈奂中上城》➜ □□□□ ➜《□□□□□》。
9.《煤店旧主人》➜ □□□□ ➜《□□□□□》。
10.《小二白结婚》➜ □□□□ ➜《□□□□□》。
11.《张二嫂改嫁》➜ □□□□ ➜《□□□□□》。
12.《苦蜜的事业》➜ □□□□ ➜《□□□□□》。
13.《上海二家人》➜ □□□□ ➜《□□□□□》。
14.《如果有往生》➜ □□□□ ➜《□□□□□》。
15.《未回在召唤》➜ □□□□ ➜《□□□□□》。
16.《长虹号起生》➜ □□□□ ➜《□□□□□》。
17.《最聪暗的人》➜ □□□□ ➜《□□□□□》。
18.《多命的晨光》➜ □□□□ ➜《□□□□□》。
19.《巴山的色悦》➜ □□□□ ➜《□□□□□》。
20.《二天的快乐》➜ □□□□ ➜《□□□□□》。

♥♥♥ 答案链接 ♥♥♥➜▶

1. 舍己为人，《但愿人长久》；　2. 有名无实，《激战无名川》；

3. 有加无已，《直线加方块》；　4. 弃卒保车，《十二次列车》；

5. 去伪存真，《真是烦死人》； 6. 是非不分，《来的都是客》；

7. 手到病除，《英雄坦克手》； 8. 无中生有，《陈奂生上城》；

9. 喜新厌旧，《煤店新主人》； 10. 颠倒黑白，《小二黑结婚》；

11. 张冠李戴，《李二嫂改嫁》； 12. 苦尽甘来，《甜蜜的事业》；

13. 说一不二，《上海一家人》； 14. 有来无往，《如果有来生》；

15. 有来无回，《未来在召唤》； 16. 舍生取义，《长虹号起义》；

17. 弃暗投明，《最聪明的人》； 18. 有才无命，《多彩的晨光》；

19. 喜形于色，《巴山的喜悦》； 20. 有一无二，《一天的快乐》。

（注：每一条款项后书名号里的片名系更正后的片名。）

📖📖📖 3月30日 ☞☞☞

89 ☺☺☺ 趣味动物成语连环（一）☺☺☺.

请在下列图画中 "兔"、"犬" 这两个字之间的七个空方格里填写上动物名称，其余的空方格里填上适当的字，使每个菱形内的四个字组成一条成语，且组成以 "兔" 为龙首，以 "犬" 字为龙尾的 8 条 4 字成语接龙，此题有点难度吧，一定要 Hiod 住哦！

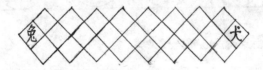

♥♥♥ 答案链接 ♥♥♥➔▶

在 "兔"、"犬" 这两个字之间的七个空方格内依次填入 7 种动物名：狐；虎；龙；凤；麟；龟；兔。

组成 8 条成语：1. 兔死狐悲；2. 狐假虎威；3. 虎踞龙盘；

4. 龙飞凤舞；5. 凤毛麟角；6. 麟凤龟龙；

7. 龟毛兔角；8. 见兔顾犬。

3 月 31 日

90 ☺☺☺ 猜钟表谜及成语谜 ☺☺☺.

钟表谜是以钟、表盘面为谜面的一种花色谜语,它根据钟表盘上的"点与钟"数字符号和指针的大小、长短、时针、分针、秒针所指的位置以及两针构成的夹角变化等情况而猜射谜底,根据需要,谜底往往要附加上表性词:点、分、时、刻、表、钟、大、小、长、短、半、针、整、更等有关钟表特性的字。请分别根据下列 12 个钟表的时针、分针和位置变化等等特点各猜射一两条或 4 条相应的 4 字成语。

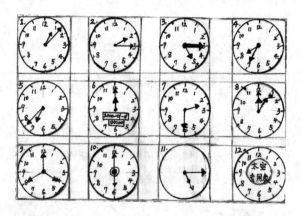

♥♥♥ 答案链接 ♥♥♥→▶

1. 一时半刻;2. 三长两短,一见钟情;3. 五大三粗;
4. 七长八短;5. 七上八下;6. 三更半夜(半夜三更),千载一时,时不再来;7. 时时刻刻;8. 如日中天,一针见血;9. 三足鼎立;
10. 上下同心(上下一心);11. 无时无刻;12. 一表非凡。

第二篇　成语趣味游戏宝典
（夏卷）

☺☺☺ 四月 ▶▶▶

成语游戏人生，从今天开始!

📖📖📖 4月1日 ☞☞☞

91 ☺☺☺ 趣组数字成语 ☺☺☺.

请分别写出带有下列每组中的特定数字的4字成语各7条。

1. 一；2. 二；3. 三；4. 四；　5. 七；
6. 九；7. 十；8. 百；9. 千；10. 万。

♥♥♥ 答案链接 ♥♥♥→▶

1. 一——一清二楚，一鸣惊人，一举两得，一日千里，一毛不拔，一见钟情，一字之师。

2. 二——一干二净，二三其德，丁一确二，心无二用，不二法门，二龙戏珠，二分明月。

3. 三——三令五申，三位一体，三番五次，三教九流，三从四德，三言两语，三千珠履。

4. 四——四不拗六，四海承风，说三道四，四面八方，四海一家，四清六活，四平八稳。

5. 七——七上八下，七死八活，七长八短，七折八扣，七青八黄，七歪八扭，七出之条。

6. 九——九九重阳，十羊九牧，十拿九稳，三贞九烈，三旬九食，三教九流，九九归一。

7. 十——十室九空，一曝十寒，十恶不赦，十全十美，一目十行，十行俱下，十步芳草。

8. 百——一呼百应，千锤百炼，百家争鸣，百花齐放，百战百胜，百年大计，百折不挠。

9. 千——千万买邻，千千万万，千丝万缕，千军万马，千里迢迢，千岩万壑，千家万户。

10. 万——万马齐喑，万人空巷，万古长存，万古流芳，万岁千秋，万紫千红，万里长城。

📖📖📖 4月2日 ☞☞☞

92 ☺☺☺ 填成语赢取"100分" ☺☺☺.

下面 10 条成语所用数字总计 100，请您填填看，赢得"100分"，您一定能取胜哦！赶快行动起来吧！赢取 100 分万岁！yeah！您秀您行！你是好样的！亲，让我们开始吧！↓

干	毛	满	时	洲	尺	上	死	拿	荡	100
	不				之					=100
净	拔	平	节	海	孤	下	生	稳	决	

♥♥♥ 答案链接 ♥♥♥→►

100

一	一	二	四	五	六	七	九	十	十	)
干	毛	满	时	洲	尺	上	死	拿	荡	)
二	不	三	八	四	之	八	一	九	十	)
净	拔	平	节	海	孤	下	生	稳	决	)

}=100

📖📖📖📖 **4月3日** ☞☞☞

93 ☺☺☺ **成语主角是谁?** ☺☺☺.

下面有30条4字成语及其典故,这些成语的主角是谁呢?您能在3分钟内写出来吗?请听好口令 →Three—two—one—go→ 现在开始进入 →

1. 围魏救赵; 2. 口蜜腹剑; 3. 老骥伏枥; 4. 直捣黄龙;

5. 赤膊上阵; 6. 磨杵成针; 7. 画龙点睛; 8. 悬梁刺股;

9. 退避三舍; 10. 东山再起; 11. 毋忘在莒; 12. 终南捷径;

13. 有教无类; 14. 北海牧羊; 15. 河汾门下; 16. 胯下受辱;

17. 味如鸡肋; 19. 代父从军; 20. 大义灭亲; 21. 耕前锄后(不求甚解); 22. 门可罗雀; 23. 老马识途; 24. 名花解语;

25. 三寸之舌; 26. 韦编三绝; 27. 破天荒; 28. 推敲;

29. 小时了了,大未必佳; 30. 醉翁之意不在酒。

♥♥♥ 答案链接 ♥♥♥→►

1. 孙膑; 2. 李林甫; 3. 曹操; 4. 岳飞; 5. 许褚; 6. 李白;

7. 张僧繇; 8. 苏秦; 9. 重耳; 10. 谢安; 11. 田单; 12. 卢藏;

13. 孔子; 14. 苏武; 15. 王通; 16. 韩信; 17. 曹操,杨修;

19. 花木兰；20. 石碏；21. 陶渊明；22. 汲黯，(即郑当时，汲郑，翟公)。
23. 管仲；24. 杨玉环；25. 张良；26. 孔子；27. 刘蜕；28. 贾岛；
29. 孔融，陈韪；30. 欧阳修。

📖📖 4月4日 👉👉

94 ☺☺☺ **看数字，猜成语** ☺☺☺.

数字在日常生活中随处可见,数字与成语的关系又是息息相关,看数字也可以猜成语,您能瞧一瞧下面各数字的特点分别猜写出相应的4字成语吗？例：54（五湖四海）；12（一来二去）；等等。

　1. 54；　　2. 31；　　3. 19；　　4. 11；　　5. 12；
　6. 13；　　7. 48；　　8. 36；　　9. 78；　　10. 1010；
　11. 48；　12. 32；　13. 41；　14. 91；　15. 56。

♥♥♥ **答案链接** ♥♥♥→▶

1. 54（五洲四海）；2. 31（三位一体）；3. 19（一言九鼎）；
4. 11（一步一鬼）；5. 12（一穷二白）；6. 13（举一反三）；
7. 48（四通八达）；8. 36（三头六臂）；9. 78（七上八下）；
10. 1010（十全十美）；11. 48（四面八方）；12. 32（三心二意）；
13. 41（四海一家）；14. 91（九牛一毛）；15. 56（五颜六色）。

📖📖 4月5日 👉👉

95 ☺☺☺ **组拼属相成语** ☺☺☺.

请用下列4组属相分别组拼4条属相成语。

A. 狗、鸡；　B. 鼠、兔；　C. 牛、虎；　D. 马、猴。

♥♥♥ 答案链接 ♥♥♥→►

A. 斗鸡走狗，偷鸡摸狗，鸡犬升天，鸡犬不宁；

B. 鼠窃狗盗，鼠目寸光，兔死狐悲，兔角龟毛；

C. 牛鬼蛇神，割鸡焉用牛刀，龙腾虎跃，九牛二虎之力；

D. 马到成功，龙马精神，沐猴而冠，猴年马月。

📖📖📖 4月6日 ☜☜☜

96 ☺☺☺ **成语谜猜猜猜** ☺☺☺.

1. 分明都不老；2. 五一又传捷报；3. 爷孙一齐归；4. 打开电扇不点灯；5. 从不浪费照明电；6. 从糖厂来的信；7. 笑口常开；8. 孩儿作业奶奶写；9. 鼓掌齐夸好刀口；10. 家家都在通电话；11. 倾听群众意见好；12. 利息领取料九成；13. 长江黄河皆入海；14. 两次交战四报捷；15. 小不忍则乱大谋；16. 乔迁之喜勤写作；17. 八千里路云和月；18. 将军当了农民；19. 大大的镜子高高挂；20. 抓到芝麻丢西瓜；21. 歌唱祖国；22. 歌颂祖国当富强；23. 军事论文；24. 农产品；25. 蜜饯黄连；26. 举重比赛；27. 爱好旅游；28. 哑巴打手势；29. 鲁班当和尚；30. 盲人摸象；31. 留在大连定居；32. 看；33. 加强区域合作；34. 当众制谜；35. 万物生长靠太阳。

♥♥♥ 答案链接 ♥♥♥→►

1. 日新月异；2. 节节胜利；3. 返老还童；4. 高风亮节；

5. 保持晚节；6. 甜言蜜语；7. 老有所乐；8. 大题小做；

9. 拍手称快；10. 打成一片 11. 集思广益；12. 一息尚存；

13. 殊途同归；14. 战战兢兢；15. 气急败坏；16. 安居乐业；

17. 天马行空；18. 解甲归田；19. 明镜高悬；20. 因小失大；

21. 乐在其中；22. 其乐无穷；23. 纸上谈兵；24. 土生土长；
25. 同甘共苦；26. 斤斤计较；27. 喜出望外；28. 不言而喻；
29. 半路出家；30. 不识大体；31. 流连忘返；32. 颠倒上下，
眼高手低；33. 广开门路；34. 三人成虎；35. 与日俱增，
来日方长。

📖📖📖📖 4月7日 ☞☞☞

97 ☺☺☺10字成语脑力闯关 ing☺☺☺.

请将成语"路遥知马力，日久见人心"这10个汉字分别填入下边上下两图表的空方格里，要求在每一图表的每一横行、每一竖列中，"路"、"遥"、"知"、"马"、"力"、"日"、"久"、"见"、"人"、"心"这10个字只能出现一次，千万不可重复喔～～～。您能在3分钟内成功闯关吗？有点难度吧，一定要Hiod住哦！相信自己，您是最棒的！

遥				路
		路		
	遥		马	
力				马
	路	知		

久				日
		日		
	久		人	
心				人
	日	见		

♥♥♥ 答案链接 ♥♥♥→▶

遥	力	马	知	路
知	马	路	遥	力
路	遥	力	马	知
力	知	遥	路	马
马	路	知	力	遥

久	心	人	见	日
见	人	日	心	久
日	久	心	人	见
心	见	久	日	人
人	日	见	久	心

📖📖📖📖 **4 月 8 日** 📖📖📖

98 ☺☺☺ 成语与人名（二）☺☺☺.

孔子曰："名不正则言不顺。"名字不仅是代表一个人的符号，而且关系到人的一生的事业、婚姻、健康、幸福、人际关系，有些人的名字是利用成语来取名的，"成语入名法"就是利用姓名在字义上的内在联系，将这些成语或典故简缩而成人名，这样的人名耐读、耐听、耐看、耐想，巧妙生动，雅俗共赏，寓意深刻，个性鲜明，妙趣天成，智趣盎然。请您猜一猜下列某人的姓名分别取自于哪些成语呢？

1. 车任远；2. 马行空；3. 丰收年；4. 郑鹏程；5. 郑万里；6. 毛凤麟（时凤麟）；7. 王居安；8. 盛以恒；9. 方正（翟方正）；10. 成于思；11. 文质彬；12. 龚立三；13. 周义山；14. 万如意；15. 何通海；16. 石成金（金石声）；17. 任卓群；18. 谢质彬；

19．方可畏；20．谢璧瑕；21．江不凡；22．梁冲霄；23．华开放；24．毕恭敬；25．安思危；26．程万里；27．王化吉；28．冯正君；28．黄火青；29．钟毓秀；30．谈笑；31．白如冰（白如雪）；32．祝馨香；33．成始终；34．王邦柱（字砥之）；35．魏哲（字知人）；36．陈群（字人鹤）；37．陈鹤龄（字鸣九）；38．留睿（字若愚）；39．苏步青；40．毛致用；41．叶正大；42．钱（前）未闻；43．易（一）了然；44．何（和）致祥；45．冯（逢）甘雨；46．辛（心）花放；47．邢（行）成思；48．何（河）海清；49．郑（正）光明；50．翟（择）从善；51．钱（前）途；52．那（纳）百川；53．荣（龙）凤祥；54．黄大忠（钟）；55．国泰安；56．吉星照；57．吐万绪；58．金不换；59．方未然；60．金开诚；61．于冰清；62．宋子文；63．王子骄；64．马威；65．孔雪明；66．李国安；67．安业民；68．穆清华；69．马冠三；70．梅日新。

♥♥♥ 答案链接 ♥♥♥→▶

1．任重道远；2．天马行空；3．人寿年丰；4．鹏程万里；5．鹏程万里；6．凤毛麟角；7．居安思危；8．持之以恒；9．贤良方正；10．行成于思；11．文质彬彬；12．三十而立；13．恩重如山；14．万事如意；15．百川归海；（解析："何"与"河"谐音，"河"就是"川"，"通海"就是"归海"。）16．点石成金（金石为开）；17．卓然超群；18．文质彬彬；19．后生可畏；20．白璧无瑕；21．不同凡响；22．直冲云霄；23．百花开放；24．毕恭毕敬；25．居安思危；26．鹏程万里；27．逢凶化吉；28．正人君子；28．炉火纯青；29．钟灵毓秀；30．谈笑风生；31．洁白如冰（洁白如雪）；32．馨香祷祝；33．始终如一；34．中流砥柱；35．知人则哲；36．鹤立鸡群；37．鹤鸣九皋；38．大智若愚；39．平步青云；40．学以致用；41正大光明；42．前所未闻；43．一目了然；44．和气致祥；45．久旱逢甘雨；46．心花怒放；47．行成于思；48．河清海晏；49．正大光明；50．择善而从；51．大有前途；52. 海纳百川；53. 龙凤呈祥；54. 黄钟大吕；55. 国泰民安；56. 吉星高照；57. 千头万绪；58. 浪子回头金不换；59. "防患于未然"或"方兴未艾"；（解析："未然"或"方未"分别取自成语"防患于未然"或"方兴未艾"，"方"与"防"谐音。）60. 精诚所至，金石为开；61. 玉洁冰清；62. 骥子龙文；63. 天之骄子；64. 下马威；65. 冰雪聪明；66. 国泰民安；67. 安居乐业；68. 水木清华；69. 勇冠三军；70. 日新月异。

📖📖📖 4月9日 🎏🎏🎏

99 ☺☺☺ 快问快答辨析成语词义 ☺☺☺

（一）请您告诉我："话不投机"的"投机"和"投机取巧"的"投机"的含义一样吗？为什么？

（二）请辨析解释："置之度外"的"度"字和"以己度人"的"度"字各是什么意思呢？

（三）请辨析解释："随机应变"的"机"字和"机智勇敢"的"机"字各是什么意思呢？

（四）请辨析解释："轻而易举"的"易"字，"以物易物"的"易"字，"移风易俗"的"易"字各是什么意思呢？

（五）请您辨析解释："千里之行，始于足下"的"行"字与"日行千里"的"行"字各是什么意思呢？

♥♥♥ 答案链接 ♥♥♥➔▶

（一）不一样。"话不投机"的"投机"是意见相合的意思；而"投机取巧"的"投机"是利用时机谋取私利的意思。

（二）"置之度外"的"度"字是"考虑"的意思；"以己度人"的"度"字是"推测"的意思。

（三）"随机应变"的"机"字是"机会、情况、形势"的意思，即是根据情况变化而反应迅速采取不同的应变措施以适应事物变化的意思；"机智勇敢"的"机"字是"灵活、灵巧"的意思，即是聪明智慧反应灵活能适应事物变化的意思。

（四）"轻而易举"的"易"字是容易的意思，"以物易物"的"易"字是交换的意思，"移风易俗"的"易"字是改变的意思。

（五）"千里之行，始于足下"的"行"字当"道路"讲；"日行千里"的"行"字是"走"的意思。

📖📖📖 4月10日 ☙☙☙

100 ☺☺☺ 趣填成语接龙我最棒 ☺☺☺.

请在下面括号中填上适当的字,使每组分别都组拼成成语接龙。

1. 物以类（ ）精会（ ）出鬼（ ）齿不（ ）恩负（ ）不容（ ）旧迎（ ）陈代（ ）天谢（ ）上天（ ）车晏（ ）轻就（ ）视无（ ）物思（ ）之常（ ）不自禁。

2. 自力更（ ）死存（ ）羊补（ ）不可（ ）涕为（ ）里藏（ ）山火（ ）底捞（ ）锋相（ ）答如（ ）芳百（ ）态炎凉。

3. 始终如（ ）字千（ ）石为（ ）天辟（ ）大物（ ）古通（ ）非昔（ ）比皆（ ）非曲（ ）截了（ ）之无（ ）天怍（ ）心向（ ）信弃（ ）不容（ ）旧迎（ ）陈代（ ）天谢（ ）丑德（ ）东野（ ）出惊（ ）生如（ ）人篱（ ）里巴（ ）面兽（ ）花怒（ ）虎自卫。

♥♥♥ 答案链接 ♥♥♥➔▶

1. 物以类（聚）精会（神）出鬼（没）齿不（忘）恩负（义）不容（辞）旧迎（新）陈代（谢）天谢（地）上天（宫）车晏（驾）轻就（熟）视无（睹）物思（人）之常（情）不自禁。

2. 自力更（生）死存（亡）羊补（牢）不可（破）涕为（笑）里藏（刀）山火（海）底捞（针）锋相（对）答如 （流）芳百（世）态炎凉。

3. 始终如 (一) 字千 (金) 石为 (开) 天辟 (地) 大物 (博) 古通 (今) 非昔 (比) 比皆 (是) 非曲 (直) 截了 (当) 之无 (愧) 天作 (人) 心向 (背) 信弃 (义) 不容 (辞) 旧迎 (新) 陈代 (谢) 天谢 (地) 丑德 (齐) 东野 (语) 出惊 (人) 生如 (寄) 人篱 (下) 里巴 (人) 面兽 (心) 花怒 (放) 虎自卫。

📖📖📖 4 月 11 日 ☞☞☞

101 ☺☺☺ 填成语组宋词猜人名 ☺☺☺.

请您在下列空方格内填入适当的字,把下面成语一一补充完整,并同时使这些填入的首字连接起来组成一句宋词,然后猜一猜这句宋词出自宋朝何人词作,出自哪一篇作品,最后再根据这句宋词猜射《红楼梦》中的一个人物称谓,并简要介绍一下这个人物的情况。

□测高深, □因奉此, □云孤鹤, □虹贯日,
□身达命, □年老成, □富力强, □头是道。

♥♥♥ 答案链接 ♥♥♥→▶

莫测高深, 等因奉此, 闲云孤鹤, 白虹贯日, 了身达命, 少年老成, 年富力强, 头头是道。"莫等闲, 白了少年头"这一词句出自宋朝词人岳飞词作《满江红》。可猜射人物称谓系《红楼梦》作品人物: 惜春 (入画)。惜春系贾敬之女, 贾珍之胞妹, 金陵十二钗之一。

📖📖📖 4 月 12 日 ☞☞☞

102 ☺☺☺ 趣填 "一（？）千金" 成语 ☺☺☺.

请根据下列每一句左边的意思在右边的空括号里填入适当的字,组成"一（？）千金"句式成语。

1. 比喻歌曲的价值很高，非常珍贵； 一（ ）千金。
2. 形容任意挥霍浪费； 一（ ）千金。
3. 比喻讲信用，说话算数； 一（ ）千金。
4. 比喻诗文价值很高； 一（ ）千金。
5. 比喻物虽然轻微，急需时就很贵重； 一（ ）千金。
6. 笑一下价值千金，形容美人一笑之难得； 一（ ）千金。
7. 比喻受恩而给予了厚报； 一（ ）千金。
8. 比喻时光非常宝贵； 一（ ）千金。

♥♥♥ 答案链接 ♥♥♥➜▶

1. 一（曲）千金；2. 一（掷）千金；3. 一（诺）千金；4. 一（字）千金；
5. 一（壶）千金；6. 一（笑）千金；7. 一（饭）千金；8. 一（刻）千金。

📖📖📖 4月13日 ☞☞☞

103 ☺☺☺ 根据文字位置猜成语 ☺☺☺.

请您根据图中23个文字符号位置的东西南北、上下左右或内外结构等不同特点，猜射出来12条4字成语。

蹿		行	雨＋风	急	来
弓	抹		风数	智	涂弓
难	跳		行效之 往	急	愚难

♥♥♥ 答案链接 ♥♥♥➜▶

东涂西抹，南来北往，心中有数，上蹿下跳，上行下效，
行之有效，左右开弓，左右为难，上雨旁风，外愚内智，
风雨交加，急中生智。

📖📖📖 4月14日 ☞☞☞

104 ☺☺☺ 成语首字名言警句接龙 ☺☺☺.

请在下面成语首字的空方格内填入适当的字，再把所填的首字相连接串联成名言警句，请试一试（4.14）自己的身手吧！OK！

1. □发千钧；□阴若岁；□明正大；□错阳差；□字千金；□木岑楼；□碧辉煌，□阴尺璧；□字招牌；□能可贵；□菜求益；□草春晖；□阴荏苒；□阳怪气。

2. □的放矢；□同道合；□言而喻；□官言官；□高德劭；□高在上，□往不克；□高气扬；□穴来风；□龙活现；□年大计；□寒松柏。

♥♥♥ 答案链接 ♥♥♥➜▶

1. 一寸光阴一寸金，寸金难买寸光阴。2. 有志不在年高，无志空活百岁。（注：上述名言警句均系成语首字串联而成名言警句接龙。）

📖📖📖 **4 月 15 日** ☞☞☞

📖[105] ☺☺☺ **巧分图形"开门见山"** ☺☺☺.

下图是由 28 个小方格组成的长方形，请您把这个由 28 个小方格组成的长方形划分成为形状、大小完全相同的 4 块，使其每块图形中都分别含有"开门见山"4 个字成语。✎

开			
开	门	见	山
	门	见	山
山	见	门	
山	见	门	开
			开

♥♥♥ 答案链接 ♥♥♥→▶（具体划分法见下图内加粗线划分所示）。

开			
开	门	见	山
	门	见	山
山	见	门	
山	见	门	开
			开

📖📖📖 4月16日 ☞☞☞

106 ☺☺☺ 趣组十二生肖接龙成语（二）☺☺☺.

请您按十二生肖排列接龙顺序组拼成两组 12 条含有十二生肖动物称谓的 4 字成语，好吗？

♥♥♥ 答案链接 ♥♥♥→▶

第一组：罗雀掘鼠，力大如牛，为虎添翼，兔起鹘举，龙马精神，牛鬼蛇神，土牛木马，羊质虎皮，杀鸡儆猴，鸡零狗碎，鸡鸣狗盗，蠢笨如猪。

第二组：鼠窃狗盗，土牛木马，虎头蛇尾，兔死狐悲，龙腾虎跃，封豕长蛇，非驴非马，羊肠鸟道，猴年马月，闻鸡起舞，驴鸣狗吠，牧猪奴戏。

📖📖📖 4月17日 ☞☞☞

107 ☺☺☺ 魔法士玩颠覆变成语 ☺☺☺.

成语魔法屋里魔法士智玩魔法，魔法术大显神威，变变变 → 请把下列词语文字的位置作适当的颠倒或变异，使每一词语变成与原来的词语意思完全相反的成语，哈哈～，好玩吧！很有趣挺神奇滴～。

1. 弃武从文——□□□□；2. 外柔内刚——□□□□；

3. 屡败屡战——□□□□；4. 重武轻文——□□□□；

5. 事半功倍——□□□□；6. 内圆外方——□□□□；

7. 众不敌寡——□□□□；8. 知易行难——□□□□；

9. 重利轻义——□□□□；10. 鸡立鹤群——□□□□；

11. 抛玉引砖——□□□□；12. 先易后难——□□□□；

13. 弃明投暗——□□□□；14. 弃新图旧——□□□□；

15. 弃正归邪——□□□□；16. 弃长取短——□□□□；

17. 先忧后乐——□□□□；18. 厚彼薄此——□□□□；

19. 顺瓜摸藤——□□□□；20. 以实带虚——□□□□；

21. 因私假公——□□□□；22. 以劳待逸——□□□□；

23. 化零为整——□□□□；24. 以弱凌强——□□□□；

25. 避虚就实——□□□□；26. 以怨报德——□□□□；

27. 点金成铁——□□□□；28. 以进为退——□□□□；

29. 避轻就重——□□□□；30. 前因后果——□□□□；

31. 言不顾行——□□□□；32. 见利忘义——□□□□；

33. 合久必分——□□□□；34. 疑人莫用——□□□□；

35. 是今非古——□□□□。

♥♥♥ 答案链接 ♥♥♥→▶

1. 弃文从武；2. 外刚内柔；3. 屡战屡败；4. 重文轻武；

5. 事倍功半；6. 内方外圆；7. 寡不敌众；8. 知难行易；

9. 重义轻利；10. 鹤立鸡群；11. 抛砖引玉；12. 先难后易；

13. 弃暗投明；14. 弃旧图新；15. 弃邪归正；16. 弃短取长；

17. 先乐后忧；18. 厚此薄彼；19. 顺藤摸瓜；20. 以虚带实；

21. 因公假私；22. 以逸待劳；23. 化整为零；24. 以强凌弱；

25. 避实就虚；26. 以德报怨；27. 点铁成金；28. 以退为进；

29. 避重就轻；30. 前果后因；31. 行不顾言；32. 见义忘利；

33. 分久必合；34. 用人莫疑；35. 是古非今。

📖📖📖 4 月 18 日 ☞☞☞

108 ☺☺☺ 填补 2 ～ 14 字格梯形成语 ☺☺☺.

　　成语 4 字格化是汉语成语产生和发展的总趋势，汉语成语的普遍格式是 4 字格，但汉语成语也有的是 2 个字，有的是 3 ～ 4 个字，请您根据下列梯形图中成语的字数要求，在图中的方格内填上适当的字，使它们横向读各自分别组成不同的 2 ～ 14 字格汉语成语。

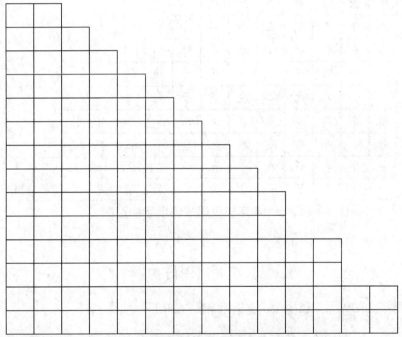

2 ～ 14 字格汉语成语填字梯形图

夏卷 ♦ 成语趣味游戏宝典

♥♥♥ 答案链接 ♥♥♥➜

捉	刀												
左	右	手											
抛	砖	引	玉										
快	刀	斩	乱	麻									
百	闻	不	如	一	见								
乘	长	风	破	万	里	浪							
四	体	不	勤	五	谷	不	分						
司	马	昭	之	心	路	人	皆	知					
荷	花	虽	好	也	要	绿	叶	扶	持				
以	小	人	之	心	度	君	子	之	腹				
救	寒	莫	如	重	裘	止	谤	莫	如	自	修		
舍	得	一	身	剐	敢	把	皇	帝	拉	下	马		
一	年	之	计	在	于	春	一	日	之	计	在	于	晨
一	寸	光	阴	一	寸	金	寸	金	难	买	寸	光	阴

2 ～ 14 字格汉语成语填字梯形图

📖📖 4月19日 ☞☞☞

109 ☺☺☺ 成语非常 "6 + 1" ☺☺☺.

请排除干扰, 在下列 7 个备选答案中选出一个正确答案。

(一)声调按去声、上声、阳平、阴平排列的成语是:( )

1. 中流砥柱; 2. 山盟海誓; 3. 异口同声; 4. 莫名其妙;

5. 不胫而走; 6. 按图索骥; 7. 弹冠相庆。

(二)在下列各项中, 有两个去声音节的成语是: ( )

1. 铁面无私; 2. 一鸣惊人; 3. 货真价实; 4. 同心协力;

5．众口难调；6．破罐破摔；7．草草了事。

（三）下列成语中含有错别字的词语项是：（　　）

1．获益匪浅；2．题纲挈领；3．英雄辈出；4．阴谋诡计；5．脍炙人口；6．金榜题名；7．诗礼之家。

（四）下列符合书写规范的成语是：（　　）

1．惊慌失错；2．易国他乡；3．前仆后继；4．计日成功；5．随声符和；6．举弓尽瘁；7．披星待月。

（五）下列成语中没有错别字的词语项是：（　　）

1．名列前茅，和蔼可亲，无油无虑，岌岌可危；2．坐享其成，励精图志，感人肺腑，一本万利；

3．直言不讳，蒸蒸日上，大气晚成，杞人忧田；4．中流砥柱，责无旁贷，轻歌漫舞，穿流不息；

5．奋发图强，披星戴月，草菅人命，再接再厉；6．走投无路，言简意该，挺而走险，罄竹难书；

7．胜气凌人，比比皆是，山清水秀，不即不离。

（六）成语"首当其冲"的"冲"的意思是：（　　）

1．冲击；2．冲锋；3．冲破；4．要冲，交通要道；5．猛烈的撞击；6．冲洗；7．互相抵消。

（七）"七步之才"成语说的是谁？（　　）

1．曹丕；2．关羽；3．黄忠；4．赵云；5．曹植；6．马超；7．曹操。

（八）"鞠躬尽瘁，死而后已"成语说的是谁？（　　）

1．张飞；2．诸葛亮；3．黄忠；4．赵云；5．刘备；6．严颜；7．马超。

（九）"高义浦云"有错别字，更正为成语"高义薄云"，请用一条成语形容这个错别字的产生原因，这条成语是：（　　）

1．气势磅礴；2．寸草不留；3．博学多才；4．博古通今；5．寸步难行；6．草长莺飞；7．草菅禽狝。

（十）"日各一方"有错别字，更正为成语"天各一方"，请用一

条成语形容这个错别字的更改过程，这条成语是：（　）

1. 天长地久；2. 天马行空；3. 有天没日；4. 日新月异；

5. 暗无天日；6. 光天化日；7. 云开见日。

♥♥♥ 答案链接 ♥♥♥➜▶

（一）3；（二）3；（三）2；（四）3；（五）5；（六）4；（七）5；
（八）2；（九）2；（十）3。

📖📖📖 4 月 20 日 ☞☞☞

📖110 ☺☺☺ 成语对联填空 ☺☺☺.

请在下面各句成语后的空格里填上适当的成语，使其与每一组
上联成语分别构成成语对联。

1. 谋事在人———▶ （　）（　）（　）（　）；
2. 初写黄庭———▶ （　）（　）（　）（　）；
3. 偷梁换柱———▶ （　）（　）（　）（　）；
4. 顺水推舟———▶ （　）（　）（　）（　）；
5. 顺藤摸瓜———▶ （　）（　）（　）（　）；
6. 绳锯木断———▶ （　）（　）（　）（　）；
7. 削足适履———▶ （　）（　）（　）（　）；
8. 瓜熟蒂落———▶ （　）（　）（　）（　）；
9. 呆若木鸡———▶ （　）（　）（　）（　）；
10. 唐突西施———▶ （　）（　）（　）（　）；
11. 孔席不暖———▶ （　）（　）（　）（　）；
12. 弃暗投明———▶ （　）（　）（　）（　）；
13. 狗仗人势———▶ （　）（　）（　）（　）；
14. 上天无路———▶ （　）（　）（　）（　）；
15. 披星戴月———▶ （　）（　）（　）（　）；

16. 长袖善舞————▶ ( ) ( ) ( ) ( )；

17. 为渊驱鱼————▶ ( ) ( ) ( ) ( )；

18. 集腋成裘————▶ ( ) ( ) ( ) ( )；

19. 差之毫厘————▶ ( ) ( ) ( ) ( )；

20. 旗开得胜————▶ ( ) ( ) ( ) ( )；

21. 良辰美景————▶ ( ) ( ) ( ) ( )；

22. 不塞不流————▶ ( ) ( ) ( ) ( )；

23. 偏听生奸————▶ ( ) ( ) ( ) ( )；

24. 福无双至————▶ ( ) ( ) ( ) ( )；

25. 箭在弦上————▶ ( ) ( ) ( ) ( )。

♥♥♥ 答案链接 ♥♥♥➜▶

1. 谋事在人————▶ 成事在天 ； 2. 初写黄庭————▶ 恰到好处 ；

3. 偷梁换柱————▶ 移花接木 ； 4. 顺水推舟————▶ 锦上添花 ；

5. 顺藤摸瓜————▶ 见风使舵 ； 6. 绳锯木断————▶ 水滴石穿 ；

7. 削足适履————▶ 按图索骥 ； 8. 瓜熟蒂落————▶ 水到渠成 ；

9. 呆若木鸡————▶ 动如脱兔 ； 10. 唐突西施————▶ 刻画无盐 ；

11. 孔席不暖————▶ 墨突不黔 ； 12. 弃暗投明————▶ 改邪归正 ；

13. 狗仗人势————▶ 狐假虎威 ； 14. 上天无路————▶ 入地无门 ；

15. 披星戴月————▶ 栉风沐雨 ； 16. 长袖善舞————▶ 多钱善贾 ；

17. 为渊驱鱼————▶ 为丛驱雀 ； 18. 集腋成裘————▶ 聚沙成塔 ；

19. 差之毫厘————▶ 谬以千里 ； 20. 旗开得胜————▶ 马到成功 ；

21. 良辰美景————▶ 赏心乐事 ； 22. 不塞不流————▶ 不止不行 ；

23. 偏听生奸————▶ 独任成乱 ； 24. 福无双至————▶ 祸不单行 ；

25. 箭在弦上————▶ 不得不发 。

📖📖📖 4月21日 ☞☞☞

111 ☺☺☺ 找朋友趣填同义词成语（二）☺☺☺.

请在下面括号里写出分别与下列各条成语同义的相应成语。

胶柱鼓瑟（　　）；众口铄金（　　）；浑俗和光（　　）；
尔虞我诈（　　）；端端正正（　　）；落花流水（　　）；
与众不同（　　）；恩将仇报（　　）；隔三差五（　　）；
斗志昂扬（　　）；胡说八道（　　）；目不斜视（　　）；
排山倒海（　　）；地广人稀（　　）；流离失所（　　）；
掉以轻心（　　）；大名鼎鼎（　　）；神气活现（　　）；
街谈巷议（　　）；荡然无存（　　）；理所当然（　　）；
胆战心惊（　　）；达官贵人（　　）；少见多怪（　　）；
大有作为（　　）；祸不单行（　　）；坐井观天（　　）；
博士买驴（　　）；张袂成阴（　　）；过犹不及（　　）；
着手成春（　　）；帝王将相（　　）；名噪四海（　　）；
井中视星（　　）；一箭双雕（　　）；滴水不漏（　　）；
兔丝燕麦（　　）；守株待兔（　　）；积羽沉舟（　　）；
飞短流长（　　）；非同寻常（　　）；得心应手（　　）；
众志成城（　　）；一鸣惊人（　　）；两小无猜（　　）；
礼轻情意重（　　）；鹬蚌相争，渔翁得利（　　），（　　）。

♥♥♥ 答案链接 ♥♥♥➜▶

胶柱鼓瑟，守株待兔；　　众口铄金，群轻折轴；
浑俗和光，和光同尘；　　尔虞我诈，钩心斗角；
端端正正，规规矩矩；　　落花流水，丢盔弃甲；
与众不同，独出心裁；　　恩将仇报，忘恩负义；
隔三差五，接二连三；　　斗志昂扬，慷慨激昂；
胡说八道，东拉西扯；　　目不斜视，目不转睛；

排山倒海，声势浩大；　　　地广人稀，渺无人烟；

流离失所，颠沛流离；　　　掉以轻心，漫不经心；

大名鼎鼎，驰名中外；　　　神气活现，得意扬扬；

街谈巷议，道听途说；　　　荡然无存，一无所有；

理所当然，当之无愧；　　　胆战心惊，心惊肉跳；

达官贵人，达官显贵；　　　少见多怪，大惊小怪；

大有作为，前途无量；　　　祸不单行，福无双至；

坐井观天，管中窥豹；　　　博士买驴，三纸无驴；

张袂成阴，挥汗成雨；　　　过犹不及，欲速不达；

着手成春，妙手回春；　　　帝王将相，才子佳人；

名噪四海，声蜚九州；　　　井中视星，坐井观天；

一箭双雕，一举两得；　　　滴水不漏，天衣无缝；

兔丝燕麦，南箕北斗；　　　守株待兔，缘木求鱼；

积羽沉舟，土壤细流；　　　飞短流长，造谣中伤；

非同寻常，异乎寻常；　　　得心应手，心手相应；

众志成城，积毁销骨；　　　一鸣惊人，一举冲霄；

两小无猜，青梅竹马；　　　礼轻情意重，千里送鹅毛；

鹬蚌相争，渔翁得利；　　　螳螂捕蝉，黄雀在后。

📖📖📖📖 4 月 22 日 ☜☜☜

⧉112 ☺☺☺ 填补"一日之计在于晨"成语 ☺☺☺.

　　请您分别在成语"一日之计在于晨"中的"一"、"日"、"之"、"计"、"在"、"于"、"晨"这 7 个字的左右的空格里填上适当的字，使之每一行横向读都可以分别组成为一条 4 字成语。↓

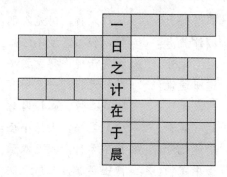

♥♥♥ 答案链接 ♥♥♥→▶

一元大武，夜以继日，之子于归，将计就计，在所不辞，于今为烈，晨昏定省。

📖📖📖 4月23日 ✍✍✍

113 ☺☺☺ 拼音字母谜猜猜猜 ☺☺☺．

拼音字母谜是以汉语拼音及其字母或外语字母为谜面的花色趣味谜语，猜射谜底时，扣合拼音字母的形状和发音来猜射，通过联想字母的发音，拼得结果来表现谜底。下面25条都是拼音字母谜，请分别猜射出一条成语，您能把它们猜出来吗？

1．yu（ˋ）[小括号里系声调符号，下同]；2．re（ˊ）n；3．wa（ˋ）n；4．go（-）ng；5．ta（ˊ）n；6．sheng；7．po（ˋ）；8．xin；9．ya（ˊ）；10．CHA；11．ZHI；12．HAO；13．ka（ˇ）（卡）；14．q(le)i；15．NIANBUWANG；16．di（ˋ）ng；17．TIAN；18．Y(Yan)i（ˋ）；19．fu（ˋ）ji（ˋ）；20．ODS；21．O；22．VXNI；23．M；24．AOP；25．M[jian（ˋ）]E[shan]N。

♥♥♥ 答案链接 ♥♥♥→►

1. 呼之欲出； 2. 巧夺天工； 3. 万象更新； 4. 顶天立地；

5. 混为一谈； 6. 不足为怪； 7. 一语道破； 8. 言为心声；

9. 唇齿相依； 10. 一念之差； 11. 总而言之； 12. 同归于好；

13. 不分上下； 14. 乐在其中； 15. 念念不忘； 16. 一言为定；

17. 天作之合； 18. 言外之意； 19. 前赴后继； 20. 杯弓蛇影；

21. 于无声处； 22. 是非曲直； 23. 一波未平，一波又起；

24. 相依为命； 25. 开门见山。

📖📖📖 4月24日 🐎🐎🐎

114 ☺☺☺ 巧走方格成语接龙 ☺☺☺.

下图是由 25 个方格组拼成的，请您从下图中的"万"字开始，一次走完所有的方格，不重复已经走过的路线，并把沿途所经过的字连接成为 8 条首尾相接的 4 字成语接龙。

►►
万	心	花	怒	放
众	一	流	自	任
理	顺	言	重	心
成	处	蜚	语	长
章	常	安	久	治

♥♥♥ 答案链接 ♥♥♥→►

万众一心，➡ 心花怒放，➡ 放任自流，➡ 流言蜚语，➡
语重心长，➡ 长治久安，➡ 安常处顺，➡ 顺理成章。

📖📖📖 4月25日 ☞☞☞

115 ☺☺☺ 辨析成语释义 ☺☺☺.

请准确辨析下列各组成语中加横线字的语素意义。

1. 永<u>垂</u>不朽，功败<u>垂</u>成；   2. <u>举</u>世瞩目，百废待<u>举</u>；

3. 前足<u>适</u>履，<u>适</u>得其反；   4. 宁死不<u>屈</u>，鸣冤叫<u>屈</u>；

5. 捷<u>足</u>先登，微不<u>足</u>道；   6. 喜<u>形</u>于色，相<u>形</u>见绌；

7. <u>负</u>荆请罪，如释重<u>负</u>；   8. <u>为</u>虎作伥，<u>为</u>所欲为；

9. 为非<u>作</u>歹，言<u>为</u>心声；   10. <u>数</u>典忘祖，<u>数</u>见不鲜。

♥♥♥ 答案链接 ♥♥♥➔▶

1. 传留后世，接近；2. 全，兴办；3. 适合，刚巧；4. 屈服，冤枉；
5. 脚，值得；6. 表现，比较；7. 背，负担；8. 替，做；
9. 背弃，是；10. 数落，列举，屡次。

📖📖📖 4月26日 ☞☞☞

116 ☺☺☺ 根据两个字猜成语谜 ☺☺☺.

1. 龙王； 2. 往情； 3. 开闸； 4. 挖藕； 5. 土匪； 6. 寿星；

7. 线眼； 8. 魔术； 9. 永别；10. 影集；11. 导游；12. 琴盒；

13. 赛马；14. 筛子；15. 客满；16. 弹簧；17. 抽搐；18. 白纸；

19. 芭蕉；20. 原价；21. 跳高；22. 大米；23. 富余；24. 楚辞；

25. 统称；26. 本人；27. 日立；28. 拍照；29. 行商；30. 瑞云；

31. 白果；32. 月宫；33. 虎白；34. 平头；35. 快门。

♥♥♥ 答案链接 ♥♥♥➔▶

1. 呼风唤雨；2. 时过境迁；3. 放任自流；4. 寻根究底；

5. 打家劫舍；　6. 长生不老；　7. 立锥之地；　8. 无中生有；

5. 打家劫舍；　6. 长生不老；　7. 立锥之地；　8. 无中生有；
9. 不期而遇；　10. 包罗万象；　11. 引人入胜；　12. 乐在其中；
13. 齐驾并进；　14. 漏洞百出；　15. 座无虚席；　16. 能屈能伸；
17. 心惊肉跳；　18. 一无所有；　19. 粗枝大叶；　20. 不分青红皂白；
21. 揭竿而起；　22. 诸如此类；　23. 无穷无尽；　24. 不欢而散；
25. 总而言之；　26. 融为一体；　27. 一心一意；　28. 相机行事；
29. 步步为营；　30. 言归于好；　31. 言过其实；　32. 空中楼阁；
33. 风言风语；　34. 发短心长；　35. 一拍即合。

4 月 27 日

117 ☺☺☺巧分成语大蛋糕☺☺☺

下图是一大块正方形的祝寿大蛋糕，这块大蛋糕上零星分布着16个文字，请把这块大蛋糕分成形状、大小完全相同的四块小蛋糕，并且使每一小块蛋糕上的文字都能组成一条与祝寿和饮食有关的4字成语，从哪下刀？怎么分？请您帮忙分一下吧！宾客们可等不及哦！赶快分噢！So！不要偏心给熟人多分啊！一定要"平均主义"哦！

	万			佳
		美	延	肴
	寿	味		益
		无	山	年
味	疆	海		珍
				寿

♥♥♥ 答案链接 ♥♥♥→▶

（具体划分法见下图内粗线划分所示）。四条成语是：万寿无疆；

延年益寿；美味佳肴；山珍海味。

	万			佳
		美	延	肴
	寿	味		益
		无	山	年	珍
味	疆	海		珍
			寿	

4 月 28 日

118 ☺☺☺ 吉尼斯"成语之最"（二）☺☺☺.

请您写出下列有趣的"成语之最"，并请熟记住这些"成语之最"，驾驭好这些成语中的"战斗机"。您一定会很棒哦！大家一起努力吧，来创造一项全新的最快速度熟记"成语之最"的吉尼斯纪录哦！

1. 最好使（管用）的万能药—— ；
2. 最神秘的行动—— ；
3. 最宽阔的胸怀—— ；
4. 最强烈的地震—— ；
5. 最快的旅行—— ；
6. 最大的手术—— ；
7. 最怪的动物—— ；
8. 最高的跳水—— ；
9. 最大的发现—— ；
10. 最短的季节—— ；
11. 最甜蜜的语言—— ；
12. 最大的家庭—— ；
13. 最糟糕的结局—— ；
14. 最沉重的话语—— ；
15. 最诚恳的谢意—— ；
16. 最长的句子—— ；
17. 最果断的人—— ；
18. 最坚固的墙壁—— ；
19. 最惜时的人—— ；
20. 最长的腿—— ；
21. 最短暂的交往—— ；
22. 最长的时间—— ；
23. 最大的笤帚—— ；
24. 最勇敢的人—— ；
25. 最昂贵的壶—— ；
26. 最不值钱的判决书——；

27. 最宽广的视野——　　　　　　　；　28. 最尖的针——　　　　　　　；
29. 最多的话语——　　　　　　　；　30. 最长时间的相逢——　；
31. 最好的司机——　　　　　　　；　32. 最难调的口味——　　　；
33. 最大的淘汰率——　　　　　　；　34. 最好的日子——　　　　　；
35. 最高的柱子——　　　　　　　；
36. 最悲惨的绝境（最绝望的前途）——　　　　　　　　　　　　　；
37. 最值钱的物品——　　　　　　；　38. 最虚伪的语言——　　　；
39. 最大的力气——　　　　　　　；　40. 最危险的生命——　　　；
41. 最忠心的人——　　　　　　　；　42. 最珍贵的宝物——　　　；
43. 人的最大的主观能动力——　；　44. 最危险的生命——　　　；
45. 最大的本领——　　　　　　　；　46. 最迂腐的书呆子——　；
47. 最大的凝聚力——　　　　　　；　48. 最好的生意——　　　　；
49. 最不应该有的道理——　　　；　50. 最大的眼——　　　　　　；
51. 最激烈的竞争——　　　　　　；　52. 最长的繁衍时间——　；
53. 最强的记忆力——　　　　　　；　54. 最残忍的杀人犯——　；
55. 最忘恩负义的人——　　　　；　56. 最大的差别——　　　　；
57. 最大的赌资——　　　　　　　；　58. 最难说的话语——　　　；
59. 最救急的计策——　　　　　　；　60. 最快的升迁速度——　；
61. 最委婉的讳称——　　　　　　；　62. 最大的人体器官——　；
63. 最爱学习的人——　　　　　　；　64. 最费时的工程——　　；
65. 人和事物最宝贵最繁荣的时期——　　　　　　　　　　　　　。

♥♥♥ 答案链接 ♥♥♥➜▶

1. 最好使（管用）的万能药——万应灵丹（灵丹妙药）；
2. 最神秘的行动——神出鬼没；
3. 最宽阔的胸怀——虚怀若谷（胸中甲兵）；
4. 最强烈的地震——天崩地坼；
5. 最快的旅行——有机可乘；
6. 最大的手术——脱胎换骨（或"改头换面"、"面目全非"）；

7. 最怪的动物——虎头蛇尾（或"七手八脚"）；

8. 最高的跳水——一落千丈；

9. 最大的发现——别有洞天；

10. 最短的季节——一日三秋；

11. 最甜蜜的语言——甜言蜜语；

12. 最大的家庭——家天下（天下为家、四海为家）；

13. 最糟糕的结局——一无所获；

14. 最沉重的话语——一言九鼎；

15. 最诚恳的谢意——千恩万谢；

16. 最长的句子——文不加点；

17. 最果断的人——当机立断；

18. 最坚固的墙壁——铜墙铁壁；

19. 最惜时的人——争分夺秒；

20. 最长的腿——一步登天；

21. 最短暂的交往——一日之雅；

22. 最长的时间——亿万斯年；

23. 最大的笤帚——一扫而空（扫除天下）；

24. 最勇敢的人——万死不辞（奋不顾身、一身是胆）；

25. 最昂贵的壶——一壶千金；

26. 最不值钱的判决书——一纸空文；

27. 最宽广的视野——一览无余；

28. 最尖的针——无孔不入；

29. 最多的话语——千言万语；

30. 最长时间的相逢——千载难逢；

31. 最好的司机——驾轻就熟；

32. 最难调的口味——众口难调；

33. 最大的淘汰率——硕果仅存；

34. 最好的日子——黄道吉日；

35. 最高的柱子——一柱擎天（一柱承天）；

36. 最悲惨的绝境（最绝望的前途）——山穷水尽；

37. 最值钱的物品——无价之宝；

38. 最虚伪的语言——巧语花言（花言巧语）；

39. 最大的力气——九牛二虎之力（力大无比）；

40. 最危险的生命——命悬一线（或一息尚存）；

41. 最忠心的人——赤胆忠心；

42. 最珍贵的宝物——无价之宝；

43. 人的最大的主观能动力——人定胜天；

44. 最危险的生命——万死一生（奄奄一息）；

45. 最大的本领——开天辟地；

46. 最迂腐的书呆子——墨守成规（咬文嚼字）；

47. 最大的凝聚力——万众一心（众志成城、众人拾柴火焰高）；

48. 最好的生意——生意兴隆；

49. 最不应该有的道理——万无此理；

50. 最大的眼——放眼世界；

51. 最激烈的竞争——百里挑一；

52. 最长的繁衍时间——千秋万代；

53. 最强的记忆力——过目不忘（过目成诵）；

54. 最残忍的杀人犯——杀人如麻（杀人不见血）；

55. 最忘恩负义的人——过河拆桥（卸磨杀驴）；

56. 最大的差别——天壤之别；

57. 最大的赌资——一掷百万（一掷千金）；

58. 最难说的话语——难言之隐（有口难言）；

59. 最救急的计策——锦囊妙计；

60. 最快的升迁速度——一日九迁；

61. 最委婉的讳称——百年之后；

62. 最大的人体器官——胆大包天；

63. 最爱学习的人——如饥似渴；

64. 最费时的工程——百年树人；

65. 人和事物最宝贵最繁荣的时期——黄金时代。

📖📖📖 4 月 29 日 ☞☞☞

119 ☺☺☺ 走方格成语接龙 ☺☺☺.

下图是由 16 个方格组成的正方形，请您从下图中的"知"字开始，一次走过所有的方格，并不重复已经走过的路线，使沿途所经过的字连起来，成为首尾相接的 5 条 4 字成语接龙。➜

栗	取	中	火
知	人	蛾	扑
任	善	飞	高
重	道	远	走

♥♥♥ 答案链接 ♥♥♥➜▶

知人善（任）重道（远）走高（飞）蛾扑（火）中取栗。

📖📖📖 4 月 30 日 ☞☞☞

120 ☺☺☺ 趣填成语完"四美"（一）☺☺☺.

请您在下面空格里填上适当的字，使每一竖行竖向读都可以组成为一条 4 字成语。〉〉〉来吧！请秀出"美"，创造"美"吧！

趣填成语完四美

心	灵	美	语	言	美
行	为	美	环	境	美

♥♥♥ 答案链接 ♥♥♥→▶

趣填成语完四美

心	灵	美	语	言	美
花	机	如	妙	为	轮
努	一	冠	天	心	美
放	动	玉	下	声	奂
一	所	成	黄	身	凤
言	作	人	雀	临	毛
一	所	之	衔	其	济
行	为	美	环	境	美

☺☺☺ 五月 ▶▶▶

成语游戏人生，从今天开始！

📖📖📖 5月1日 ☞☞☞

121 ☺☺☺ 庆"五一"填成语——劳动最光荣 ☺☺☺.

请在下图空格中填入适当的字，横向读使其成为16条4字成语，请启动脑力填出来吧！以此欢庆"五一"国际劳动节——劳动最光荣哦～～～。

			五	五		劳
	一					动
	五			五		最
一					一	光
欢庆"五一"						荣
五					五	
	一					
	五		五			

♥♥♥ 答案链接 ♥♥♥→▶

三三五五，五花八门，不可一世，人一己百，一五一十，
三纲五常，一见如故，始终如一，五大三粗，去天尺五，

说一不二，一家一户，十风五雨，三五成群，表里如一，
一表人才。

📖📖📖📖 5月2日 🍃🍃🍃

122 ☺☺☺ 填成语，玩红"5" ☺☺☺.

趣填成语，玩转红"5" ➜ 请您把"大、春、发、滋、扬、打、
光、八、暖、开、字、荣、回、长、地、花"这16个汉字填入下
面大红"5"中，使大红"5"横竖都可以组成为成语。

♥♥♥ 答案链接 ♥♥♥➜▶

发	荣	滋	长
扬			
光			
大	地	回	春
			暖
			花
八	字	打	开

📖📖📖 5月3日 ☞☞☞

123 ☺☺☺ 阿凡达智闯"十字架成语星球" ☺☺☺.

脑力闯关 ➜ 请您在下面十字架图中的空格中分别填入适当的字，使每一横行、每一竖行都能组成为4字成语，请开动一下脑筋吧！只要动脑，您一定能像阿凡达一样成功闯关的！

			☺			
			☺☺			
		人	☺	众		
	☺		☺		☺	
	☺☺		☺☺		☺☺	
		轻	☺	举		
			☺			
			☺☺			

♥♥♥ 答案链接 ♥♥♥➜▶⬇

			自	高	自	大			
			作	☺		庭			
			解	☺☺		广			
先	声	夺	人	☺		众	口	铄	金
发	☺		微	☺		擎	☺		刚
制	☺☺		言	☺☺		易	☺☺		怒
人	微	言	轻	☺		举	世	瞩	目
			重	☺		国			
			缓	☺☺		上			
			急	转	直	下			

📖📖📖 5月4日 ☞☞☞

124 ☺☺☺ 填字组地名成语 ☺☺☺.

下面 10 组成语中含有 10 个地名，请在下面空格中填上适当的字，使每一组每一行横向读都可以组成为含有相应地名的两条 4 字成语。

天		津			海		口	
长		春			万		安	
合		肥			开		封	
云		南			大		连	
朝		阳			乐		山	

♥♥♥ 答案链接 ♥♥♥→▶

名高天下，津津乐道；山盟海誓，守口如瓶；皓月长空，阳春有脚；千秋万代，相安无事；通力合作，环肥燕瘦；改革开放，尘封已久；响彻云霄，终南捷径；鼎鼎大名，流连忘返；凤鸣朝阳，骄阳似火；赏心乐事，千山万水。

📖📖📖 5月5日 ☞☞☞

125 ☺☺☺ 填反义字组成语 ☺☺☺.

请您在下列的空方格中分别填上意思完全相反的两个字，使它们组拼成为 20 条 4 字成语。

□□其手，□□两难，□□曲直，□□维谷，□□如一，
□□分明，□□不得，□□代谢，□□兼施，□□难辨，
□□皆非，□□哀乐，□□分明，□□分明，□□交替，
□□不分，□□不明，□□失据，□□怪气，□□自知。

♥♥♥ 答案链接 ♥♥♥→▶

上下其手，进退两难，是非曲直，进退维谷，始终如一，
赏罚分明，哭笑不得，新陈代谢，软硬兼施，真假难辨，
啼笑皆非，喜怒哀乐，是非分明，黑白分明，新旧交替，
大小不分，生死不明，进退失据，阴阳怪气，冷暖自知。

📖📖📖 5月6日 ☜☜☜

126 ☺☺☺ 寻对手趣填反义词成语（二）☺☺☺.

请您在下面的每一条成语后面的空方格里填上一条4字成语，
使它与其前面的每一条成语的意思完全相反。

照本宣科——□□□□；　弄虚作假——□□□□；
车载斗量——□□□□；　一丝不苟——□□□□；
专心致志——□□□□；　眉开眼笑——□□□□；
屈指可数——□□□□；　目不斜视——□□□□；
排山倒海——□□□□；　怒气冲冲——□□□□；
平原督邮——□□□□；　阳关大道——□□□□；
拔山举鼎——□□□□；　明目张胆——□□□□；
一涌而出——□□□□；　多快好省——□□□□；
有始有终——□□□□；　盖世英雄——□□□□。

♥♥♥ 答案链接 ♥♥♥→▶

照本宣科—因事制宜；弄虚作假—实事求是；车载斗量—九牛一毛；
一丝不苟—马马虎虎；专心致志—三心二意；眉开眼笑—愁眉苦脸；
屈指可数—不可计数；目不斜视—左顾右盼；排山倒海—风平浪静；
怒气冲冲—和颜悦色；平原督邮—青州从事；阳关大道—独木小桥；
拔山举鼎—举鼎绝脰；明目张胆—谨小慎微；一涌而出—蜂拥而入；
多快好省—少慢差费；有始有终—空前绝后；盖世英雄—跳梁小丑。

📖📖📖 5月7日 ☞☞☞

127 ☺☺☺**叠字成语超市（三）**☺☺☺

　　哇噻！这个叠字成语超市琳琅满目应有尽有！请在下列空方格内填写叠字组成四字叠字成语，有的成语如有一定难度，可查一查《汉语成语词典》，您一定会有意外的收获噢～～～！

1. □□俱到；　2. □□招手；　3. □□私语；　4. □□是道；

5. □□来迟；　6. □□入扣；　7. □□动听；　8. □□不休；

9. □□不言；10. □□不平；11. □□不休；12. □□相觑；

13. □□自喜；14. □□作态；15. □□学语；16. □□相惜；

17. □□之火；18. □□升起；19. □□包围；20. □□有词；

21. □□在网；22. □□不乐；23. □□上口；24. □□而去；

25. □□之阵；26. □□服膺；27. □□大者；28. □□无能；

29. □□称善；30. □□相对；31. □□大方；32. □□鹿鸣；

33. □□不休；34. □□风尘；35. □□惜别；36. □□相报；

37. □□关心；38. □□世界；39. □□大风；40. □□先生；

41. □□君子。

（第1项～第41项系 AABC 式叠字成语）。

42. 温情□□；43. 想入□□；44. 笑声□□；45. 火光□□；

46. 文采□□；47. 余音□□；48. 羞人□□；49. 相貌□□；

50. 风度□□；51. 忧心□□；52. 果实□□；53. 战功□□；

54. 衣冠□□；55. 矛盾□□；56. 含情□□；57. 小时□□，
大未必佳；58. 以其□□，使人□□。

（第42项～第58项系 ABCC 式叠字成语）。

59. 熙熙□□；60. 生生□□；61. 唯唯□□；62. 浑浑□□；

63. 鱼鱼□□；64. 沸沸□□；65. 层层□□；66. 叽叽□□；

67. 匆匆□□；68. 战战□□；69. 乾乾□□；70. 叽叽□□；

71. 炳炳□□；72. 炳炳□□；73. 臻臻□□；74. 零零□□；

75. 融融□□；76. 暖暖□□；77. 栖栖□□；78. 莺莺□□；

79. 影影□□； 80. 斑斑□□； 81. 落落□□； 82. 渺渺□□；

83. 蝎蝎□□； 84. 飘飘□□； 85. 轰轰□□； 86. 兀兀□□；

87. 唧唧□□； 88. 郁郁□□； 89. 茫茫□□； 90. 忙忙□□；

91. 匆匆□□； 92. 隐隐□□； 93. 马马□□； 94. 含含□□；

95. 吞吞□□； 96. 形形□□； 97. 是是□□； 98. 鬼鬼□□；

99. 兢兢□□； 100. 冷冷□□； 101. 熙熙□□；

102. 热热□□； 103. 客客□□； 104. 恭恭□□；

105. 服服□□； 106. 沸沸□□； 107. 鼓鼓□□；

108. 扎扎□□；109. 拆拆□□；110. 风风□□。（第 59 项～第 110 项系 AABB 式叠字成语）。

111. □灵□现；112. 明□白；113. □宿□飞；114. □王□霸；

115. □擒□纵；（第 111 项～第 115 项系 ABAC 式叠字成语）。

116. 买□卖□；117. 倚□卖□；118. 知□犯□；119. 就□论□；

120. 将□就□。（第 116 项～第 120 项系 ABCB 式叠字成语）。

♥♥♥ 答案链接 ♥♥♥→▶

1. 面面俱到； 2. 频频招手； 3. 喁喁私语； 4. 头头是道；

5. 姗姗来迟； 6. 丝丝入扣； 7. 娓娓动听； 8. 哓哓不休；

9. 小小不言； 10. 愤愤不平； 11. 刺刺不休； 12. 面面相觑；

13. 沾沾自喜； 14. 惺惺作态； 15. 牙牙学语； 16. 惺惺相惜；

17. 星星之火； 18. 冉冉升起； 19. 团团包围； 20. 念念有词；

21. 瑚瑚在网； 22. 忽忽不乐； 23. 朗朗上口； 24. 悻悻而去；

25. 堂堂之阵； 26. 拳拳服膺； 27. 荦荦大者； 28. 粥粥无能；

29. 啧啧称美； 30. 遥遥相对； 31. 落落大方； 32. 呦呦鹿鸣；

33. 喋喋不休； 34. 仆仆风尘； 35. 依依惜别； 36. 冤冤相报；

37. 事事关心； 38. 花花世界； 39. 泱泱大风； 40. 好好先生；

41. 谦谦君子。 42. 温情脉脉； 43. 想入非非； 44. 笑声朗朗；

45. 火光煜煜； 46. 文采郁郁； 47. 余音袅袅； 48. 羞人答答；

49. 相貌堂堂；　50. 风度翩翩；　51. 忧心忡忡；　52. 果实累累；

53. 战功赫赫；　54. 衣冠楚楚；　55. 矛盾重重；　56. 含情脉脉；

57. 小时了了，大未必佳；　58. 以其昏昏，使人昭昭。

59. 熙熙攘攘；　60. 生生世世；　61. 唯唯否否；　62. 浑浑噩噩；

63. 鱼鱼雅雅；　64. 沸沸扬扬；　65. 层层叠叠；　66. 叽叽咕咕；

67. 匆匆忙忙；　68. 战战兢兢；　69. 乾乾翼翼；　70. 叽叽嘎嘎；

71. 炳炳烺烺；　72. 炳炳麟麟；　73. 臻臻至至；　74. 零零星星；

75. 融融泄泄；　76. 暖暖姝姝；　77. 栖栖遑遑；　78. 莺莺燕燕；

79. 影影绰绰；　80. 斑斑点点；　81. 落落穆穆；　82. 渺渺忽忽；

83. 蝎蝎螫螫；　84. 飘飘荡荡；　85. 轰轰烈烈；　86. 兀兀秃秃；

87. 唧唧喳喳；　88. 郁郁葱葱；　89. 茫茫苍苍；　90. 忙忙碌碌；

91. 匆匆忙忙；　92. 隐隐约约；　93. 马马虎虎；　94. 含含糊糊；

95. 吞吞吐吐；　96. 形形色色；　97. 是是非非；　98. 鬼鬼祟祟；

99. 兢兢业业；　100. 冷冷清清；　101. 熙熙攘攘；　102. 热热闹闹；

103. 客客气气；　104. 恭恭敬敬；　105. 服服帖帖；　106. 沸沸扬扬；

107. 鼓鼓囊囊；　108. 扎扎实实；　109. 拆拆洗洗；　110. 风风雨雨；

111. 活灵活现；　112. 不明不白；　113. 双宿双飞；　114. 称王称霸；

115. 七擒七纵；　116. 买空卖空；　117. 倚老卖老；　118. 知法犯法；

119. 就事论事；　120. 将计就计。

📖📖📖 5月8日 ☞☞☞

128　☺☺☺ 填字组成语连句子 ☺☺☺

请在下面词语的空格里填上适当的字使每一项均构成成语，再根据这些所填的字连接起来分别组成有关健康与生活的一句话：

1. □况愈下──▶ □涯海角──▶ □有尽有──▶

　□口皆碑──▶ 千金□掷──▶ 各□击破──▶

　□景不长──▶ 有□放矢──▶ □领神会──▶

□不自禁。

2. 成□之美 ——▶ 别开□面 ——▶ □后通牒 ——▶

　　□公无私 ——▶ 有□放矢 ——▶ 民穷□尽 ——▶

　　国□民强 ——▶ □古非今 ——▶ □步如飞 ——▶

　　福寿□宁；强身□体 ——▶ □庄大道 ——▶

　　□龙活虎 ——▶ □灵活现 ——▶ □饭不忘 ——▶

　　始终如□ ——▶ □长日久。

3. □喻户晓 ——▶ 分□抗礼 ——▶ □礼一寸 ——▶

　　□花妙笔 ——▶ 死去□来 ——▶ □深人静 ——▶

　　□璧隋珠 ——▶ 亦庄亦□。

4. □戚相关 ——▶ □情逸致 ——▶ □枣推梨 ——▶

　　□龙活虎 ——▶ □龙活现 ——▶ □仆难数 ——▶

　　□人快语 ——▶ □天知命。

♥♥♥ 答案链接 ♥♥♥➜▶

1. 每况愈下 ——▶ 天涯海角 ——▶ 应有尽有 ——▶

　　有口皆碑 ——▶ 千金一掷 ——▶ 各个击破 ——▶

　　好景不长 ——▶ 有的放矢 ——▶ 心领神会 ——▶

　　情不自禁。

2. 成人之美 ——▶ 别开生面 ——▶ 最后通牒 ——▶

　　大公无私 ——▶ 有的放矢 ——▶ 民穷财尽 ——▶

　　国富民强 ——▶ 是古非今 ——▶ 健步如飞 ——▶

　　福寿康宁；强身健体 ——▶ 康庄大道 ——▶

　　生龙活虎 ——▶ 活灵活现 ——▶ 每饭不忘 ——▶

　　始终如一 ——▶ 天长日久。

3. 家喻户晓 ——▶ 分庭抗礼 ——▶ 让礼一寸 ——▶

　　生花妙笔 ——▶ 死去活来 ——▶ 更深人静 ——▶

　　和璧隋珠 ——▶ 亦庄亦谐。

4. 休戚相关 ——▶ 闲情逸致 ——▶ 让枣推梨 ——▶

生龙活虎 ──────▶ 活龙活现 ──────▶ 更仆难数 ──────▶

快人快语 ──────▶ 乐天知命。

连接组成四句句子是：

1. 每天应有一个好的心情。

2. 人生最大的财富是健康；健康生活每一天。

3. 家庭，让生活更和谐。

4. 休闲，让生活更快乐。

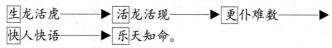

📖📖📖 5月9日 🦅🦅🦅

129 ☺☺☺6字成语脑力闯关 ☺☺☺.

请将成语"立于不败之地"这6个汉字和成语"掷地作金石声"这6个汉字分别填入下面左右两图表的空方格里，要求在每一图表的每一横行、每一竖列中，"立"、"于"、"不"、"败"、"之"、"地"这6个汉字和"掷"、"地"、"作"、"金"、"石"、"声"这6个汉字只能出现一次，千万不可重复喔~~~。您能在3分钟内成功闯关吗？相信自己，您是最棒的！

不		之	地	立	
	立				败
		地		不	立
立	于		之		
	地	立		于	
		败			

地		石		掷	作
作			石		
掷	声			地	
		金	掷	作	声
	作	掷		石	
金		地			

♥♥♥ 答案链接 ♥♥♥→▶

不	败	之	地	立	于
地	立	于	不	之	败

地	金	石	声	掷	作
作	掷	声	石	金	地

败	之	地	于	不	立
立	于	不	之	败	地
之	地	立	败	于	不
于	不	败	立	地	之

掷	声	作	金	地	石
石	地	金	掷	作	声
声	作	掷	地	石	金
金	石	地	作	声	掷

5 月 10 日

130 ☺☺☺ 读成语，思古人（一）☺☺☺.

有的成语，本身就是一个动人的故事，而且故事里都有成语主角，例如："草船借箭"的实际主角就是孙权（历史误传说是诸葛亮）。请您填出下列成语的主角是谁？您能在 3 分钟内又快又好地准确填出来吗？试试看吧！您一定行哦!yeah！！Let's——go➜

1. 知彼知己（三令五申）；2. 马革裹尸；3. 抱瓮灌畦；4. 家喻户晓；5. 马步穿杨；6. 完璧归赵；7. 卧薪尝胆；8. 前倨后恭；9. 指鹿为马 10. 秋毫无犯；11. 望梅止渴；12. 拔山举鼎；13. 运筹帷幄；14. 程门立雪；15. 门庭若市；16. 桃源乐土；17. 讳疾忌医；18. 大公无私；19. 破釜沉舟；20. 囊萤照书；21. 洛阳纸贵；22. 前度刘郎；23. 阮囊羞涩；24. 直捣黄龙；25. 挟天子以令诸侯。

♥♥♥ 答案链接 ♥♥♥➜▶

1. 孙武；2. 马援；3. 子贡；汉阴丈人；4. 梁姑姊；5. 养由基；6. 蔺相如；7. 勾践；8. 苏秦；9. 赵高；10. 刘邦；11. 曹操；12. 项羽；13. 张良；14. 程颢（或杨时）；15. 邹忌；16. 陶渊明（名潜）；17. 蔡桓公；18. 祁黄羊；19. 项羽；20. 车胤；21. 左思；22. 刘晨；阮肇；23. 阮孚；24. 岳飞；25. 曹操。

📖📖📖 5月11日 ☞☞☞

131 ☺☺☺ 算式谜猜猜猜 ☺☺☺.

算式谜是指以数学算式为谜面，按照运算规则，将运算结果反映到谜底的谜语。请根据下列算式谜分别猜射出一条成语。

1.3-2=5；　2.100×10 与 100×100；　3.1+2+3；　4.7÷2=？；　5.15÷2=？；　6.7-12=5，3-13=10；　7.15 分 =1000 元；　8.6×6；　9.5+5=10；　10.4=4；　5=5；　11.100-80=？；　12.9 和 4；　13.100-1=？；　14.10000=1000+……1000（ 或 1000×10=？）；　15.3-2=？；　16.7/8=？；　17.1-1=？；　18.1÷2=？；　19.1+1-1×1÷1；　20.40÷6=？；　21. 和 =15；　22.90×10+？＝20×50；　23.+0-0=？；　24.10002=100×100×100；　25.9 寸 +1 寸 =1 尺；　26.0+0=1；　27.0+0=？；　28.X*3*0=？；　29.1×1=1；　30.10000-1=？。

♥♥♥ 答案链接 ♥♥♥➔►

1. 以一当十；2. 成千上万；3. 接二连三；4. 不三不四；5. 七上八下；6. 一五一十；7. 一刻千金；8. 三十六计；9. 十全十美；10. 丁是丁，卯是卯；11. 一念之差；12. 三三两两；13. 百里挑一；14. 千变万化；15. 一字之差；16. 七上八下；17. 一笔勾销；18. 一分为二；19. 始终如一；20. 连续不断（陆续不断）；21. 一五一十；22. 千方百计；23. 买空卖空；24. 千方百计，（解析："10002"扣出"千方"；"100×100×100"扣出"百计"）；25. 得寸进尺，（解析：9 寸加上一寸，就进位成一尺）；26. 无中生有；27. 一无所获；（一无所有）；28. 不可胜数；29. 一成不变；30. 万无一失。

📖📖📖📖 5月12日 ☞☞☞

132 ☺☺☺ 嘻哈幽默笑话聊天室 ☺☺☺.

成语"度日如年"是指"过一天像过一年那样长，形容日子很不好过"；成语"古稀之年"是指称"人七十岁"，"人生七十古来稀"；成语"走马观花"是形容得意、愉快的心情，现在用来比喻大略地观察一下。请分别用成语"度日如年"、"古稀之年"和"走马观花"为素材讲一个幽默小笑话。（幽默可乐指数：****）

♥♥♥ 答案链接 ♥♥♥→▶

一、[度日如年]　今天晚上看电视的时候，孙女阿酷悄悄告诉爷爷："爷爷，我每天在家都是度日如年。"爷爷听罢，大吃一惊，爷爷反问道："乖孩子，难道您每天在家不快乐吗？"阿酷说："不！我每天在家都像过年那样快乐啊！"哈哈～～～

二、[古稀之年]　5月12日，奶奶年满70岁要办七十大寿，阿酷问奶奶："为什么要把70岁叫做古稀之年呢？"奶奶答道："这样叫才唯我独尊，指挥若定，受人尊重，物以稀为贵哇！"过了几天后，阿酷期中考试，奶奶问阿酷："您数学考了多少分？"阿酷回答道："奶奶，偶数学考了一个古稀，以后必须唯我独尊，我是老大，您们都得听我的话，尊重偶！"奶奶听后哑口无言，愕然……哈哈～～～

三、[走马观花]　阿帅不知道"走马观花"成语的具体含义，爸爸今天要求他用成语"走马观花"造句，阿帅不假思索地写道："我的同桌阿莲会用'走马观花'造句"。爸爸看后，愕然……哈哈～～～

📖📖📖 5月13日 ☞☞☞

133 ☺☺☺ 趣填成语组地名成语（一）☺☺☺.

下面每一组成语中都含有一个地名，或是某国家某省份地名，或是某国家某大城市的地名，或是某国家某中小城市的地名。请您在下面每一组成语的空格内填上适当的字，使每组成语每一横行都成为一条含有某地名的成语。

1．声东击□□家落户； 2．因小失□□父不死；
3．平步青□□辕北辙； 4．落落寡□□头大耳；
5．百年好□□遁鸣高； 6．昂首望□□津有味；
7．沧海遗□□天一色； 8．肥遁鸣□□心壮志；
9．见多识□□海扬尘； 10．手眼通□□津有味；
11．袞袞诸□□居乐业； 12．入吾彀□□色天香；
13．山中白□□征北战； 14．飞短流□□如泰山；
15．趋之若□□源不断； 16．席地幕□□津乐道；
17．万事大□□下风气； 18．面红耳□□回路转；
19．人众胜□□津乐道； 20．以小见□□舟共济；
21．苦中作□□珍海味； 22．抛砖引□□之风声；
23．小家碧□□大招风； 24．随时制□□风得意；
25．绿林好□□春白雪； 26．笑逐颜□□妻荫子；
27．难能可□□春白雪； 28．风调雨□□之骄子；
29．说东道□□缺毋滥。

♥♥♥ 答案链接 ♥♥♥➜▶

1．声东击 西安 家落户； 2．因小失 大庆 父不死；
3．平步青 云南 辕北辙； 4．落落寡 合肥 头大耳；
5．百年好 合肥 遁鸣高； 6．昂首望 天津 津有味；
7．沧海遗 珠海 天一色； 8．肥遁鸣 高雄 心壮志；

9. 见多识广东海扬尘；10. 手眼通天津津有味；

11. 衮衮诸公安居乐业；12. 入吾彀中国色天香

13. 山中白云南征北战；14. 飞短流长安如泰山；

15. 趋之若鹜源源不断；16. 席地幕天津津乐道；

17. 万事大吉林下风气；18. 面红耳赤峰回路转；

19. 人众胜天津津乐道；20. 以小见大同舟共济；

21. 苦中作乐山珍海味；22. 抛砖引玉树之风声。

23. 小家碧玉树大招风。24. 随时制宜春风得意；

25. 绿林好汉阳春白雪；26. 笑逐颜开封妻荫子；

27. 难能可贵阳春白雪；28. 风调雨顺天之骄子；

29. 难能可贵阳春白雪；30. 说东道西宁缺毋滥。

📖📖📖📖 5月14日 ☞☞☞

134 ☺☺☺孙悟空火眼金睛趣找错别字 ☺☺☺.

　　下面的 40 条成语中，每一条成语里都有一个或两个错别字，请您找出这些成语中的错别字，您能在 3 分钟内把它们找出来吗？咱们 PK 一下好吗？看看您的眼力咋样？Let's--go➜

1. 座井观天；　2. 附荆请罪；　3. 狐贾虎威；　4. 手株待兔；

5. 亡羊捕牢；　6. 画蛇填足；　7. 穿流不息；　8. 聚精汇神；

9. 变本加厉；10. 手屈一指；11. 委屈求全；12. 棋开得胜；

13. 阴谋鬼计；14. 原形必露；15. 气状山河；16. 种星捧月；

17. 昂手挺胸；18. 于众不同；19. 举诗闻名；20. 不求甚街；

21. 恒七竖八；22. 大显伸手；23. 玲珑踢透；24. 奇珍一宝；

25. 全神贯住；26. 亭台楼格；27. 挺挺玉立；28. 琉光一彩；

29. 别出心财；30. 浮想连翩；31. 悬压戈壁；32. 站钉截铁；

33. 藕心荔血；34. 浅肠挂肚；35. 吞粥之鱼；36. 心心相因；

37. 街花献佛；38. 离信离德；29. 养眉吐气；40. 新喜若狂。

♥♥♥ 答案链接 ♥♥♥→►

1. 坐井观天； 2. 负荆请罪； 3. 狐假虎威； 4. 守株待兔；

5. 亡羊补牢； 6. 画蛇添足； 7. 川流不息； 8. 聚精会神；

9. 变本加厉；10. 首屈一指；11. 委曲求全；12. 旗开得胜；

13. 阴谋诡计；14. 原形毕露；15. 气壮山河；16. 众星捧月；

17. 昂首挺胸；18. 与众不同；19. 举世闻名；20. 不求甚解；

21. 横七竖八；22. 大显身手；23. 玲珑剔透；24. 奇珍异宝；

25. 全神贯注；26. 亭台楼阁；27. 亭亭玉立；28. 流光溢彩；

29. 别出心裁；30. 浮想联翩；31. 悬崖戈壁；32. 斩钉截铁；

33. 呕心沥血；34. 牵肠挂肚；35. 吞舟之鱼；36. 心心相印；

37. 借花献佛；38. 离心离德；39. 扬眉吐气；40. 欣喜若狂。

📖📖📖 **5月15日** ☞☞☞

📖 **135** ☺☺☺ "三国"人物成语知多少? ☺☺☺.

"三国"故事篇篇家喻户晓，广为流传；"三国"人物个个特点鲜明，栩栩如生，一定会给读者留下深刻印象，许多"三国"英雄人物都与成语结下不解之缘，我们读成语思英雄，心中也荡起一股英雄豪气。请您在下列成语后面的空方格中填上"三国"的英雄人物称谓。

1. 望梅止渴——（　　）； 2. 宝刀不老——（　　）；

3. 锦囊妙计——（　　）； 4. 浑身是胆——（　　）；

5. 妙手回春——（　　）； 6. 乐不思蜀——（　　）；

7. 单刀赴会——（　　）； 8. 赤膊上阵——（　　）；

9. 放虎归山——（　　）；10. 言过其实——（　　）；

11. 煮豆燃萁——（　　）；12. 势如破竹——（　　）；

13. 七步之才——（　　）；14. 七擒七纵——（　　）；

15. 割发代首——（　　）；16. 有勇无谋——（　　）；

17. 木牛流马——（　　）；18. 红光满面——（　　）；

19. 粗中有细——（　　）；20. 一借不还——（　　）；

21. 收买人心——（　　）；22. 一言不发——（　　）；

23. 单刀直入——（　　）；24. 两相情愿——（　　）；

25. 过五关，斩六将——（　　）。

♥♥♥ 答案链接 ♥♥♥→▶

1. 望梅止渴——（曹操）；　　2. 宝刀不老——（黄忠）；

3. 锦囊妙计——（诸葛亮）；　　4. 浑身是胆——（赵云）；

5. 妙手回春——（华佗）；　　6. 乐不思蜀——（刘禅）；

7. 单刀赴会——（关羽）；　　8. 赤膊上阵——（许褚）；

9. 放虎归山——（刘备）；　　10. 言过其实——（马谡）；

11. 煮豆燃萁——（曹植）；　　12. 势如破竹——（杜预）；

13. 七步之才——（曹植）；

14. 七擒七纵——（孟获或诸葛亮）；

15. 割发代首——（曹操）；　　16. 有勇无谋——（吕布）；

17. 木牛流马——（诸葛亮）；　　18. 红光满面——（关羽）；

19. 粗中有细——（张飞）；　　20. 一借不还——（刘备）；

21. 收买人心——（刘备）；　　22. 一言不发——（徐庶）；

23. 单刀直入——（关羽）；　　24. 两相情愿——（周瑜和黄盖）；

25. 过五关，斩六将——（关羽）。

📖📖📖 5月16日 ☞☞☞

136 ☺☺☺ 人体器官部位成语健身会馆（二）☺☺☺.

请把下列成语填写完整,使填入的字都是人体器官部位的名称。请您试一试,您能在3分钟内又好又快地准确填写出来吗?

1. 七□八□；　2. 独具匠□；　3. 隔墙有□；　4. 油□滑□；

5. 脍炙人□；6. 骨鲠在□；7. 粉身碎□；8. 独具只□；

9. 古道热□；10. 汗流浃□；11. 虎□熊□；12. 明□张□；

13. 狼□狗□；14. 牵□挂□；15. 爱不释□；16. 独占鳌□；

17. 死□赖□；18. □宝贝；19. 成竹在□；20. □红□赤；

21. 慧□识珠；22. □痛□热；23. □视□听；24. 开□见□；

25. 杜□裹□；26. 点□哈□；27. 失之交□；28. 刻□铭□；

29. 张□舞□；30. 獐□鼠□；31. □决□见；32. 龙□皓□；

33. 掩人□□；34. 有□有□；35. □食之徒；36. □食□听；

37. 毛□毛□；38. 劲□丰□；39. □敝□焦；40. 沦□浃□；

41. 精神满□；42. □□相望；43. □□称庆；44. □肉复生。

♥♥♥ 答案链接 ♥♥♥→▶

1. 手，脚；2. 心；3. 耳；4. 嘴，舌；5. 口；6. 喉；7. 骨；8. 眼；
9. 肠；10. 背；11. 背，腰；12. 目，胆；13. 心，肺；14. 肠，
肚；15. 手，16. 头；17. 皮，脸；18. 心肝；19. 胸；20. 面，
耳；21. 眼；22. 头，脑；23. 耳，目；24. 口，胆；25. 口，足；
26. 头，腰；27. 臂；28. 骨，心；29. 牙，爪；30. 头，目；
31. 踵，肘；32. 眉，发；33. 耳，目；34. 头，脸；35. 耳；
36. 耳，目；37. 手，脚；38. 骨，肌；39. 舌，唇；40. 肌，髓；
41. 腹，42. 项背；43. 额手；44. 髀。

📖📖📖📖 5月17日 ☞☞☞

📖 **137** ☺☺☺ **填字组地名成语** ☺☺☺.

下面图中包含有 21 个地名，或是某国家地名，或是某国家省份行政区划地名，或是某国家大中城市的地名。请您在下图中每一空格内填上适当的字，使图中每一竖行竖向读都分别可组成为一条含有某相对应地名的 4 字成语。（计 42 条成语。）

上	海	江	西	新	疆	大	庆	青	海	日	本	德	国
山	东	日	本					天	津	长	沙		
		万	安	长	春	南	昌						
包	头	吉	林	美	国	美	国	美	国	美	国	包	头

♥♥♥ 答案链接 ♥♥♥→►

后来居上，瞒天过海；陆海潘江，声东击西；万象更新，万寿无疆；
自高自大，普天同庆；万古长青，五湖四海；不见天日，原原本本；
以怨报德，里通外国；回山倒海，声东击西；来日方长，舍本逐末；
千真万确，床上安床；万古长青，雨后春笋；寿比南山，繁荣昌盛；
开天辟地，津津乐道；取长补短，聚沙成塔；包办代替，头足异处；
吉星高照，林下风气；美不胜收，国色天香；美轮美奂，国泰民安；
美玉无瑕，国士无双；美意延年，国计民生；包罗万象，头头是道。

📖📖📖 **5月18日** ☜☜☜

138 ☺☺☺ **读成语，思古人（二）** ☺☺☺.

有的成语，本身就是一个动人的故事，故事里有主角，请写出下列成语的主角人物。

1. 呕心沥血； 2. 三顾茅庐； 3. 空穴来风； 4. 倚马可待；

5. 四面楚歌； 6. 三省吾身； 7. 举案齐眉； 8. 门庭若市；

9. 破镜重圆；10. 怒发冲冠；11. 水落石出；12. 笑里藏刀；

13. 抛砖引玉；14. 万里长城；15. 白云亲舍；16. 一鸣惊人；

17. 家徒四壁；18. 一诺千金；19. 成也萧何，败也萧何；

20. 宁为玉碎，不为瓦全。

♥♥♥ 答案链接 ♥♥♥→►

1. 李贺；2. 刘备；3. 宋玉，楚顷襄王；4. 袁虎；5. 项羽；6. 曾子（曾参）；7. 梁鸿；8. 邹忌；9. 徐德言；10. 蔺相如；11. 苏轼；12. 李义府；13. 常建，赵嘏；14. 檀道济；15. 狄仁杰；16. 淳于髡，齐威王；17. 司马相如；18. 季布；19. 韩信；20. 景皓。

📖📖📖📖 5 月 19 日 ☞☞☞

[139] ☺☺☺ **解析成语并释义** ☺☺☺.

请辨析下列成语中加点字的语素意义。

1. 馋涎欲滴； 2. 耳濡目染； 3. 真知灼见； 4. 贻笑大方；

5. 破绽百出； 6. 言简意赅； 7. 面面相觑； 8. 信口开河；

9. 国泰民安；10. 衣锦还乡；11. 无稽之谈；12. 弄巧成拙；

13. 春华秋实；14. 置之度外；15. 丢三落四；16. 揠苗助长；

17. 雅人深致；18. 枯杨生稊；19. 不绝如缕；20. 丰容盛鬋。

♥♥♥ 答案链接 ♥♥♥→►

1. 唾沫，口水；2. 沾湿，润泽；3. 明白，透彻；4. 遗留；5. 裂开；6. 完备；7. 看；8. 随便；9. 安定；10. 穿；11. 考核；12. 笨；13. 花；14. 考虑；15. 遗漏；16. 拔；17. 意态，情趣；

18. 通"荑",植物嫩芽；19. 细线；20. 下垂的鬓发。

5 月 20 日

140 ☺☺☺ 看结构，定类型 ☺☺☺.

1. 下面主谓结构的一组成语是：（ ）

A. 愚公移山；坐如春风；虚怀若谷。

B. 毛遂自荐；淆乱乾坤；言行一致。

C. 夜郎自大；汗流浃背；按部就班。

D. 忠心耿耿；杞人忧天；声名狼藉。

2. 下面动宾结构的一组成语是：（ ）

A. 叱咤风云；咬文嚼字；趾高气扬。

B. 饱经风霜；包罗万象；逼上梁山。

C. 搜索枯肠；耀武扬威；贻笑大方。

D. 挖空心思；退避三舍；无动于衷。

♥♥♥ 答案链接 ♥♥♥➔▶

1. D；2. B。

5 月 21 日

141 ☺☺☺ 阿凡提脑筋急转弯智慧选择题 ☺☺☺.

脑筋急转弯是现代生活中的一种新型头脑体操运动，它是通过考验读者对于一些问题的回答能否打破传统思维定式，发挥超常思维，来锻炼人的幽默风趣、机智灵敏之能力，并集娱乐、启智、减压、怡情为一体，因而受到读者的喜欢，脑筋急转弯能帮助读者打造机智灵敏的头脑，帮助读者跳出思维陷阱的智力游戏，让读者在轻松快乐的游戏中掌握灵活主动的超常思维方法，帮助读者建立全脑思维，帮助读者搭上超级智力快车。请秀出阿凡提机智灵活的才能，发挥超常思维，充分换位思考，请一一选择下面这30道脑筋急转弯题目。

1．谁最喜欢添油加醋呢？（　　）。

A、加油站工人；B、厨师；C、家庭妇女；D、调酒师。

2．小明"年年有余"，可是为什么"年年有余"的小明还是没有攒下钱呢？（　　）。

A、小明挥金如土；B、小明贷款；C、小明年年被炒鱿鱼；

D、小明是个房奴。

3．"丹丹"是下面哪个动物的名字？（　　）。（提示：请用谐音法选择此题，音调不限。）

A、老鼠；B、猴子；C、老虎；D、兔子。

4．什么动物的器官部位经常被移至人身上？（　　）。

A、兔，虎；B、狼，狗；C、龙，蛇；D、狐，虎。

5．在成语中什么数字最懒惰？什么数字最勤快？（　　）。

A、二，三；B、一，二；C、三，五；D、四，六。

6．当患者家属问起医生有关患者的情况，医生伸出五个手指，患者家属一看五个手指都哭了，患者家属为什么都哭了？您知道其中的原因吗？（　　）。

A、五湖四海；B、五毒俱全；C、三长两短；D、二三其德。

7．什么情况下，"一山"可"容二虎"？（　　）。

A、一死一活；B、一公一母；C、二死虎；D、一老一少。

8．谁最擅长弄虚作假？（　　）。

A、美容师；B、贪官污吏；C、魔术师；D、骗子。

9．用一句成语称谓："油漆工的徒弟"。（　　）。

A、名师出高徒；B、好色之徒；C、徒有虚名；D、徒劳无功。

10．请猜一句成语——用蛇胆和鸡肝做成的独特香皂是：（　　）。

（提示：请用谐音法选择此题，音调不限。）

A、青红皂白；B、胆战心惊；C、肝胆相照；D、雕肝琢肾。

11. 一种人最爱讥笑另一种人的这句成语是：（　　）。

A、一笑千金；B、笑容可掬；C、五十步笑百步；D、笑里藏刀。

12. 成语"水火不相容"比喻事情根本对立，但下列什么字可见证"水火相容"呢？（　　）。

A、汕；B、淡；C、冰；D、灿。

13. 什么样的山和海可以移动呢？请用一句成语来回答：（　　）。

A、海誓山盟；B、人山人海；C、山南海北；D、山高水长。

14. 成语"一见钟情"表示爱情专注守一，怎么样才能使男人一见钟情呢？（　　）。

A、用线拴住他；B、别让他见别的女人；C、别让他看你第二眼；D、用个钟表摆在男女之间。

15. 成语"顶天立地"是表示人高大无比的意思，"顶地立天"是表示什么意思呢？（　　）。

A、起立；B、下跪；C、倒立；D、旋转。

16. 提高智力最有效的办法是什么呢？请用一句成语来回答：（　　）。

A、智珠在握；B、智勇双全；C、吃一堑，长一智；D、智尽能索。

17. 人为什么长有两只耳朵呢？请用一句成语来回答：（　　）。

A、耳听八方；B、兼听则明；C、耳濡目染；D、肥头大耳。

18. 偷什么不违法呢？请用一句成语来回答：（　　）。

A、偷工减料；B、偷梁换柱；C、偷天换日；D、（忙里）偷闲。

19. 肉馅饼和稀米粥哪个贵呢？请用一句成语来回答：（　　）。

A、贵人多善忘；B、物以稀为贵；C、贵耳贱目；D、稀奇古怪。

20. 历史上哪个人跑得最快呢？请用一句成语来回答：（　　）。

A、蜀中无大将，廖化作先锋；B、夸父追日；C、说到曹操，曹操就到；D、乌飞兔走。

21．什么楼不用我们费吹灰之力就会在我们面前消失呢？请用一句成语来回答：（　　　）。

A、空中楼阁；B、海市蜃楼；C、更上一层楼；D、人去楼空。

22．篮球板为什么要抹一把盐呢？请用一句成语来回答：（　　　）。

A、言（盐）无不尽；B、言（盐）归于好；C、一言（盐）难尽；D、言（盐）为心声。

23．天的儿子是什么呢？请用一句成语来回答：（　　　）。

A、不共戴天；B、天之骄子；C、天生我材；D、天造地设。

24．怎么让鹅飞不起来呢？请用一句成语来回答：（　　　）。

A、见缝插针；B、鹅行鸭步；C、插翅难飞；D、鸦雀无声。

25．请用一句成语来回答：形容拒绝生孩子的一位美丽女人的一句成语是什么？（　　　）。

A、国色天香；B、小鸟依人；C、绝代佳人；D、大家闺秀。

26．请回答：是耳朵的作用大还是眼睛的作用大呢？请用一句成语来回答：（　　　）。

A、百闻不如一见；B、耳濡目染；C、耳闻目睹；D、耳聪目明。

27．下列哪一种昆虫最不贪财呢？请用一句成语来回答：（　　　）。

A、苍蝇（蝇头小利）；B、蜈蚣（无功不受禄）；C、蚂蚁（蚂蚁啃骨头）；D、蜻蜓（蜻蜓点水）。

28．小偷最大的特征是什么呢？请用一句成语来回答：（　　　）。

A、偷鸡摸狗；B、贼目鼠眼；C、出手不凡；D、手到擒来。

29．请用一句成语来回答：什么地方的路最窄呢？（　　　）。

A、狭路相逢；B、冤家路窄；C、羊肠小道；D、独木小桥。

30．请用一句成语来回答：为什么关羽死得那么凄惨呢？（　　　）。

A、因为"红光满面"；B、因为"骄傲自满"；C、因为"红颜薄命"；D、因为"目中无人"。

♥♥♥ 答案链接 ♥♥♥→▶

1. B；2. C（解析："年年有余"的"余"与"鱿鱼"的"鱼"字谐音）；3. C（解析：成语"虎视眈眈"用谐音法即是"虎是（视）丹丹（眈眈）"，故老虎的名字是"丹丹"）；4. B（解析：[狼]心[狗]肺的人）；5. B（解析：成语"一"不做，"二"不休）；6. C（解析：医生伸出五手指，五手指正好是"三长二短"，猜射成语"三长两短"之意，因此患者家属都哭了）；7. B；8. C；9. B（解析："好色之徒"的"好色"、"徒"分别与"油漆"、"徒弟"相扣合）；10. C（解析："肝胆相照"的"相照"与"香皂"谐音）；11. C；12. B；13. B；14. C；15. C；16. C；17. B；18. D；19. B；20. C；21. B；22. C；23. B；24. C；25. C；26. A；27. B；28. C；29. B；30. C。

📚📚📚 **5月22日** ☞☞☞

📖142 ☺☺☺ **"语言美"、"心灵美"盘龙成语** ☺☺☺

下面两个图格中依次分别排列有"语"、"言"、"美"、"心"、"灵"、"美"6个字。请在下面空方格中填入恰当的字组成24条分别含有"语""言""美"、"心""灵""美"指定的某一个字的4词4字盘龙成语谜阵。来 → 让我们"披坚执锐"、"横刀立马"力挺去闯谜阵吧，"手起刀落"，把"谜阵"那厮斩于马下来！好玩吧！闯（读）来闯（读）去又闯（读）回来了，只有这样闯荡大战多个回合（反复诵读）才能记好学好成语哦～～。经过多次的"闯荡江湖"，相信您破解再难的谜阵当然也不在话下噢～～～！ yeah! 让我们进入一级临战状态吧 →

			语	☺				言	☺				美
	☺☺☺			☺		☺☺☺			☺		☺☺☺		
	☺☺☺			☺		☺☺☺			☺		☺☺☺		
				☺					☺				

			心	☺				灵	☺				美
	☺☺☺			☺		☺☺☺			☺		☺☺☺		
	☺☺☺			☺		☺☺☺			☺		☺☺☺		
				☺					☺				

♥♥♥ 答案链接 ♥♥♥→▶

好	言	好	语	☺	无	可	讳	言	☺	成	人	之	美
之	☺☺☺	出		☺	穷	☺☺☺	外		☺	败	☺☺☺		中
年	☺☺☺	惊		☺	无	☺☺☺	之		☺	论	☺☺☺		不
百	己	一	人	☺	尽	如	人	意	☺	人	给	家	足

上	下	一	心	☺	人	杰	地	灵	☺	成	人	之	美
道	☺☺☺	如		☺	无	☺☺☺	机		☺	密	☺☺☺		人
安	☺☺☺	止		☺	中	☺☺☺	一		☺	以	☺☺☺		香
长	山	远	水	☺	目	娱	心	动	☺	事	了	草	草

📖📖📖 5月23日 ☞☞☞

143 ☺☺☺ 手机品牌称谓成语展示平台 ☺☺☺.

请在下面空格内填上适当的字，使之组成带有某种类手机品牌称谓的4字成语。

1. 举一反□□火燎原；　　2. 春秋鼎□□子回头；

3．发策决□□立独行；　4．一手遮□□重心长；

5．振兴中□□不可挡；　6．一字千□□程万里；

7．内引外□□入非非；　8．以小见□□而易见；

9．如饥似□□文生义；　10．人所共□□饥已溺；

11．巧发奇□□山空回；　12．举一反□□天同庆；

13．尽忠报□□凤祥麟；　14．整整齐□□育人才；

15．一字千□□此存照；　16．五湖四□□誓旦旦；

17．振兴中□□果累累；　18．上下求□□不释手；

19．万水千□□到渠成；　20．一字千□□竿见影；

21．浪花朵□□不胜收；　22．天知地□□心相印；

23．先忧后□□不暇给；　24．城下之□□马香车；

25．不虞之□□风细雨；　26．活灵活□□拆代行；

27．五湖四□□虞我诈；　28．接二连□□天同庆；

29．因小失□□而易见；　30．交口称□□蔼可亲；

31．□人以德□天同庆；　32．□封三祝□大无朋；

33．□扬得意□陈代谢；　34．□杂米盐□头跣足；

35．□哉悠哉□然寡味；　36．□炉冬扇□天同庆；

37．□万斯年□下之盟；　38．□如反掌□不胜收；

39．□臂一呼□封三祝；　40．□封三祝□不可当；

41．□山北斗□罗棋布；　42．□上八下□从天降；

43．□在人为四通八□；　44．□况空前惊涛骇□；

45．不□戴天大□宏图；　46．如日中□如虎添□；

47．姹紫嫣□金枝玉□；　48．马□是瞻坚□不疑；

49．以汤□雪光□夺目；　50．竹苞□茂上传□达。

♥♥♥ 答案链接 ♥♥♥➔▶

1．举一反三星火燎原；2．春秋鼎盛浪子回头；3．发策决科特立独行；4．一手遮天语重心长；5．振兴中华锐不可挡；6．一字千金鹏程万里；7．内引外联想入非非；8．以小见大显而易见；9．如饥似渴望文生义；10. 人所共知己饥己溺；11. 巧发奇中宝山空回；

12. 举一反三普天同庆；13. 尽忠报国威凤祥麟；14. 整整齐齐乐

育人才；15. 一字千金立此存照；16. 五湖四海信誓旦旦；17. 振

兴中华硕果累累；18. 上下求索爱不释手；19. 万水千山水到渠成；

20. 一字千金立竿见影；21. 浪花朵朵美不胜收；22. 天知地知心

心相印；23. 先忧后乐目不暇给；24. 城下之盟宝马香车；25. 不

虞之誉和风细雨；26. 活灵活现代拆代行；27. 五湖四海尔虞我诈；

28. 接二连三普天同庆；29. 因小失大显而易见；30. 交口称誉和

蔼可亲；31. 爱人以德普天同庆；32. 华封三祝硕大无朋；33. 扬

扬得意新陈代谢；34. 凌杂米盐科头跣足；35. 优哉悠哉索然寡味；

36. 夏炉冬扇普天同庆；37. 亿万斯年城下之盟；38. 易如反掌美

不胜收；39. 振臂一呼华封三祝；40. 华封三祝锐不可当；41. 泰

山北斗星罗棋布；42. 七上八下喜从天降；43. 事在人为四通八达；

44. 盛况空前惊涛骇浪；45. 不共戴天大展宏图；46. 如日中天如

虎添翼；47. 姹紫嫣红金枝玉叶；48. 马首是瞻坚信不疑；49. 以

汤沃雪光彩夺目；50. 竹苞松茂上传下达。

📖📖📖 5月24日 🖎🖎🖎

144 ☺☺☺ 熊猫大侠读唐诗趣觅成语 ☺☺☺.

熟读唐诗三百首，不会吟诗也会吟。请您在下面唐诗的空方格
内填入恰当的4字或5字成语，使每句唐诗完整复原，来吧！请熟
记这些唐诗，请填填看吧，一切皆有可能哟，［O］，您秀您行！
您一定会有熊猫大侠的功夫哦～～～！

1. □□□□遥怜汝，捩舵开头捷有神。

——［唐·杜甫《拔闷》］

2. □□□□谁得知，如今正南看北斗。

——［唐·刘商《胡笳十八拍》］

3. □□□□众仙下，珊珊碧树交枝柯。

　　　　　　　——［唐·韩愈《石鼓歌》］

4. □□□□浑是胆，家无四壁不知贫。

　　　　　　　——［唐·关象之《少年行》］

5. □□□□势绝伦，慎莫近前丞相嗔。

　　　　　　　——［唐·杜甫《丽人行》］

6. □□□□无人会，又逐流莺过短墙。

　　　　　　　——［唐·郑谷诗《燕》］

7. □□□□深千尺，不及汪伦送我情。

　　　　　　　——［唐·李白《赠汪伦》］

8. □□□□铁未销，自将磨洗认前朝。

　　　　　　　——［唐·杜牧《赤壁》］

9. □□□□始出来，犹抱琵琶半遮面。

　　　　　　——［唐·白居易《白氏长庆集·琵琶行》诗］

10. □□□□心源静，万有俱空眼界清。

　　　　　　——［唐·唐彦谦《鹿门集·游清凉寺》诗］

11. □□□□不到耳，明月孤云长挂情。

　　　　　　　——［唐·李咸用《山中》诗］

12. □□□□帝王州，帝子金陵访古丘。

　　　　　　　——［唐·李白《永王东巡歌》］

13. □□□□马蹄疾，一日看尽长安花。

　　　　　　——［唐·孟郊《孟东野诗集·登科后》］

14. □□□□弃藩篱，烹犊炮羔如折葵。

　　　　　　——［唐·韦应物《韦刺史诗集·长安道》］

15. □□□□有时尽，此恨绵绵无绝期。

　　　　　　　——［唐·白居易《长恨歌》］

16. □□□□卿且去，明朝有意抱琴来。

　　　　　　——［唐·李白《山中与幽人对酌》］

17. □□□□今何在？血污游魂归不得。

————[唐·杜甫《哀江头》]

18. □□□□零落尽，两人相见洛阳城。

————[唐·刘禹锡《洛中送韩七中丞之吴兴口号》诗]

19. □□□□还拘礼，女拜弟妻男拜弟。

————[唐·杜甫《短歌行赠四兄》诗]

20. □□□□会有时，直挂云帆济沧海。

————[唐·李白《行路难三首（其一）》诗]

21. 苦恨年年压金线，□□□□□衣裳。

————[唐·秦韬玉《秦韬玉诗集·贫女》]

22. 况当霁景凉风后，如在□□□□间。

————[唐·白居易《白氏长庆集·题岐王旧山池石壁》]

23. 褒公鄂公毛发动，□□□□来酣战。

————[唐·杜甫《丹青引赠曹将军霸》]

24. 侵领雪色还萱草，□□□□有柳条。

————[唐·杜甫《腊日》诗]

25. 朔风绕指我先笑，□□□□君自知。

————[唐·温庭筠《温庭筠集·醉歌》诗]

26. 笑夸故人指绝境，□□□□青于蓝。

————[唐·李白《鲁郡尧祠送窦明府薄华还西京》]

27. 照他几许人肠断，□□□□远不如。

————[唐·白居易《白氏长庆集·中秋月》]

28. 秦时明月汉时关，□□□□人未还。

————[盛唐·王昌龄《出塞》诗]

29. 伯仲之间见伊吕，□□□□失萧曹。

————[唐·杜甫《咏怀古迹》诗之五]

30. 江东子弟多才俊，□□□□未可知。

————[唐·杜牧《题乌江亭》]

31. 上车著作应来问，□□□□定送方。

————[唐·刘禹锡《刘梦得集·秘书崔少监坠马长句因而和之》诗]

32. 洛阳亲友如相问，□□□□在玉壶。

　　　　　　　　——［唐·王昌龄《芙蓉楼送辛渐》］

33. 催弦拂柱与君饮，□□□□颜始红。

　　　　　　　　——［唐·李白《前有樽酒行》诗］

34. 女娲炼石补天处，□□□□逗秋雨。

　　　　　　　　——［唐·李贺《李凭箜篌引》］

35. 闲云潭影日悠悠，□□□□几度秋。

　　　　　　　　——［唐·王勃《滕王阁序》］

36. 四朝忧国鬓如丝，□□□□海鹤姿。

　　　　　　　　——［唐·李郢《上裴晋公》］

37. 岸上谁家游冶郎，□□□□映垂杨。

　　　　　　　　——［唐·李白《采莲曲》］

38. 狂风落尽深红色，□□□□映子满枝。

　　　　　　　　——［唐·杜牧《唐诗纪事》］

39. 谩夸书剑无好处，□□□□步步愁。

　——［唐·许浑《丁卯集·将为南行陪尚书崔公宴海榴堂》］

♥♥♥ 答案链接 ♥♥♥→▶

1. 长生三老；　2. 天翻地覆；　3. 鸾翔凤翥；　4. 一掷千金；

5. 炙手可热；　6. 千言万语；　7. 桃花潭水；　8. 折戟沉沙；

9. 千呼万唤；10. 一尘不到；11. 晨钟暮鼓；12. 龙盘虎踞；

13. 春风得意；14. 山珍海错（味）；15. 天长地久；16. 明眸皓齿；

17. 海北天南；18. 四时八节；19. 长（乘）风破浪；

20. 为他人作嫁（为人作嫁）；21. 千岩万壑；22. 英姿飒爽；

23. 漏泄春光；24. 明月入怀；25. 山光水色；26. 玉兔银蟾；

27. 万里长征；28. 指挥若定；29. 卷土重来；30. 折臂三公；

31. 一片冰心；32. 看朱成碧；33. 石破天惊；34. 物换星移；

35. 龙马精神；36. 三三五五；37. 绿叶成阴（荫）；38. 水远山长。

📖📖📖 5月25日 ☞☞☞

145 ☺☺☺ "先□后□"句式成语 ☺☺☺.

请把下列10条"先□后□"句式成语填写完整。

1. 先□后□；　2. 先□后□；　3. 先□后□；　4. 先□后□；
5. 先□后□；　6. 先□后□；　7. 先□后□；　8. 先□后□；
9. 先□后□；　10. 先□先□。

♥♥♥ 答案链接 ♥♥♥➔►

1. 先声后实；　2. 先公后私；　3. 先礼后兵；　4. 先来后到；
5. 先斩后奏；　6. 先忧后乐；　7. 先人后己；　8. 先难后获；
9. 先宾后主；　10. 先来后到。

📖📖📖 5月26日 ☞☞☞

146 ☺☺☺ 益智趣味抢答选择题（一）☺☺☺.

1. 下列成语中加点的字意义相同的一组是：（　　）

A、摧枯拉朽，摧眉折腰；B、出口成章，杂乱无章；C、略施小计，雄才大略；D、分道扬镳，分崩离析。

2. 成语"等量齐观"注音正确的是：（　　）

A、den liang qi guan；B、deng liang qi guan；C、deng lian qi guan；D、deng liang qi guang。

3. 下列各组成语用了相同修辞手法的是：（　　）

A、呆若木鸡，旁若无人，口若悬河，如虎添翼；B、穷途末路，伶牙俐齿，排山倒海，口是心非；C、怒发冲冠，一日三秋，肝肠寸断，一发千钧；D、何乐不为，如梦方醒，草木皆兵，牵肠挂肚。

4. 下列几组成语中没有错别字的一组是：（　　）

A、一念之差，以身作则，筋疲力尽，无的放矢；

B、得意忘形，神态自若，来者不拒，权宜之计；

C、锁然无味，拔地而起，鱼目混珠，破绽百出；

D、落花流水，一呼不应，纷至踏来，逢厂作戏。

5. 下列四条成语有一条成语中加点的字，他的意思和其他三条成语加点的字的意思不一样，请找出这条成语是：（   ）

A、忘恩负义；B、负隅顽抗；C、负重致远；D、负荆请罪。

6. 成语"来龙去脉"来源产生于：（   ）

A、历史故事；B、历史研究；C、风水勘探；D、政治事件。

7. 成语"期期艾艾"说的是西汉的周昌和西晋的邓艾，两个人当时患有什么毛病呢？（   ）

A、头痛；B、口吃；C、打呼噜；D、羊角风；E、颜面神经麻痹。

8. 成语"青眼相加"的"青"字是什么意思呢？（   ）

A、青色的；B、黑眼珠；C、玉佩；D、玛瑙。

9. 成语"分道扬镳"是指各奔前程，其中的"镳"是什么意思呢？（   ）

A、马勒口；B、马鬃毛；C、马缰绳；D、马鞭子。

10. 成语"风马牛不相及"的"风"原意是指什么？（   ）

A、大风车；B、风景；C、走失；D、风光。

11. 成语"烂醉如泥"的"泥"最初是指什么呢？（   ）

A、泥儿张；B、泥巴；C、小虫子；D、面团。

12. 对联："花甲重逢，增加三七岁月；古稀双庆，再多一度春秋"。其中所隐含的年龄数是：（   ）

A、123 岁；B、141 岁；C、98 岁；D、102 岁。

13. 成语"一问三不知"中的"三不知"最初是指哪三个不知呢？（   ）

A、我，你，他；B、天时，地利，人和；C、事情的开始、经过、结果；D、张三，李四，王二麻子。

14. 在成语"对牛弹琴"这句典故里，音乐家公明仪一开始给

牛弹的是高深的曲子，牛无动于衷，后来公明仪换了一首曲子，而牛停止吃草，摇着尾巴听起来，公明仪弹的是什么曲子？（　）

A、蚊蝇叫声；B、鸟叫声；C、老虎叫声；D、青蛙叫声。

15．"知难行易"源于成语"知难而进"，提出"知难行易"这一哲学思想的人物是：（　）

A、老子；B、孙中山；C、严复；D、孔子。

16．成语"弦牙舞爪"有错别字，更正为"张牙舞爪"，请用一条成语形容这个错别字的更改过程，这条成语是：（　）

A、张口结舌；B、改弦更张；C、弦外之音；D、玄之又玄。

17．成语"贻笑大方"的意思是：（　）

A、被大方的人讥笑；B、到处受到大家的讥笑；C、让有见识的内行人笑话；D、笑话大方的人。

18．成语"黄粱一梦"来源于沈既济作的唐人传奇小说《枕中记》，那么其主角人物卢生这一黄粱之梦大概有多长时间呢？请选择。（　）

A、一小时左右；B、二小时左右；C、30分钟左右；D、三个小时左右。

19．世界上什么东西比天还更高呢？请您用一条成语来回答，好否？（　）

A、力大无比；B、海阔天空；C、心比天高；D、山高水远。

20．成语"多行不义，必自毙"的主角人物是谁呢？请您回答，好否？（　）

A、赵高；B、周仓；C、共叔段；D、周扒皮。

♥♥♥ 答案链接 ♥♥♥→▶

1．D；2．B；3．C；4．B；5．B；6．C；7．B；8．B；9．A；10．C；11．C；12．B；13．C；14．A；15．B；16．B；17．C；18．C；19．C；20．C。

📖📖📖 **5月27日** ☞☞☞

147 ☺☺☺ **趣填7字成语** ☺☺☺.

请在下面的空括号里填入适当的字，把下列的七字成语补充完整。

1. 放之四（ ）而皆（ ）；2. 打破（ ）锅问到（ ）；3. （ ）了夫人又（ ）兵；4. 小不（ ）则乱大（ ）；5. 不为（ ）斗米折（ ）；6. 三人（ ）必有我（ ）；7. 置之（ ）地而后（ ）；8. 置之（ ）地而后（ ）；9. （ ）子回头（ ）不换；10. 知（ ）知面不知（ ）；11. 知（ ）不可而（ ）之；12. 一年之（ ）在于（ ）；13. 不（ ）三七二十（ ）；14. 山（ ）欲来风满（ ）；15. 神（ ）见首不见（ ）。

♥♥♥ **答案链接** ♥♥♥➜▶

1. 海，准；2. 沙，底；3. 赔，折；4. 忍，谋；5. 五，腰；6. 行，师；7. 死，生；8. 死，快；9. 败，金；10. 人，心；11. 其，为；12. 计，春；13. 管，一；14. 雨，楼；15. 龙，尾。

📖📖📖 **5月28日** ☞☞☞

148 ☺☺☺ **成语碰碰车俱乐部（二）** ☺☺☺.

请按下列要求分别列举写出5条成语——成语碰碰车。

1. 列举含有数字的5条4字成语。
2. 列举含有反义词的5条4字成语。
3. 列举来源自寓言故事的5条4字成语。
4. 列举来源自神话故事的5条4字成语。
5. 列举与爱情婚姻有关的5条4字成语。

6．列举充分体现勤学苦读精神的 5 条 4 字成语。

7．列举用于心理描写的 5 条 4 字成语。

8．列举用于情感描写的 5 条 4 字成语。

9．列举用于祝寿的 5 条 4 字成语。

10．列举含有姓氏的 5 条 4 字成语。

♥♥♥ 答案链接 ♥♥♥→▶

1．七嘴八舌；四面八方；五颜六色；八仙过海；九牛一毛。

2．大材小用；异口同声；争先恐后；深入浅出；凶多吉少。

3．杞人忧天；亡羊补牢；拔苗助长；南辕北辙；守株待兔。

4．夸父追日；盘古开天；嫦娥奔月；大禹治水；精卫填海。

5．举案齐眉；喜结连理；花前月下；白头偕老；秦晋之好。

6．悬梁刺股；凿壁偷光；囊萤照书；手不释卷；废寝忘食。

7．心有余悸；心烦意乱；归心似箭；心神不定；心惊肉跳。

8．高情远致；深情厚谊；情窦初开；情至意尽；虚情假意。

9．万寿无疆；长命百岁；寿比南山；福如东海；寿山福海。

10．大张旗鼓；包罗万象；五黄六月；高抬贵手；宝马香车。

📖📖📖 5 月 29 日 ✎✎✎

📖 149 ☺☺☺ 成语词语应用及矫正 ☺☺☺．

下面句子中哪些是恰当活用的成语，哪些是生造乱改的成语？哪些是误用成语，请分别指出来加以修改，并简要说明理由。

1．看了青年业余作者写出《老同志在异乡》这样的好剧本，老作家们欣喜若狂地说："真是后生可畏啊！"

2．写文章作报告要少说空话、废话，尽量简明扼要，千万不要喋喋不休。

3．童年的往事至今历历在目。

4. 轮船码头人来人往，穿流不息。

5. 敌人对革命事业的破坏是无洞不入的。

6. 我参加合唱队是烂竽充数的。

7. 我们搞调查研究，要下马看花，深入实际，不要走马观花，浮光掠影。

8. 在监狱里，众多劳教人员纷纷表示一定要焕然一新。

9. 王旭参加了工作，已经能自食其果了。

10. 三年（2）班全体同学一定要戒骄戒躁，变本加厉，取得更加优异的成绩。

11. 电视剧植入广告铺天盖地，播15分钟电视剧，竟要插播20分钟广告，让人不厌其烦。

12. 他家很穷，简直四壁如洗。

13. 由于无人管理，街心公园的脏乱差的现象，一发而不可收。

14. 这一带的劳动人民鬼斧神工，创造出一个个闻名世界的奇迹。

15. 这件事是众所周知的，小明也是知道这件事的。

♥♥♥ 答案链接 ♥♥♥→ ▶

1．"后生可爱"是成语"后生可畏"的变化活用。2．"喋喋不休"运用不当，应改为"连篇累牍"。3．"历历在目"是成语的变化活用。4．"穿流不息"运用不当，应改为成语"川流不息"。5．"无洞不入"是成语"无孔不入"的变化活用。6．"烂竽充数"运用不当，应改为成语"滥竽充数"。7．"走马观花"是成语的变化活用，"浮光掠影"运用不当，应删除"浮光掠影"。8．"焕然一新"是褒义词，是"光明的景象"，应改为"悔过自新"。9．"自食其果"是贬义词，应改为"自食其力"。10．"变本加厉"是贬义词，指变坏得比本来更加厉害，应改为"再接再厉"。11．"不厌其烦"是"因为……过多而喜欢"的意思，就是不厌烦的意思，应把"厌"字改为"胜"字，成语"不胜其烦"就是不能忍受的意思，改换一字，天壤之别。12."四壁如洗"是生造乱改的成语,应改为"一贫如洗"。
13."一发不可收"和"一发不可收拾"是两个表意完全不同的成语,
适用范围也截然不同,"一发不可收"是褒义词,"一发不可收拾"
是贬义词,此句应用"一发不可收拾"。14."鬼斧神工"用于赞
美大自然的,此句是要赞美人的能力和行为的,应改为"巧夺天工"。
15."众所周知"是指人人全都知道的意思,小明也是知道的,因
此后一句重复,应删去。

📖📖📖📖 5月30日 ☞☞☞☞

150 ☺☺☺ 您会填"愚公移山"成语吗? ☺☺☺.

请在下面空括号里填入有趣的成语并连接句子,再现"愚公精
神"。填填看,您能够填出几条成语呢?好有趣滴~~~!

愚公移山移的是( )( )南山;他喝的水是千( )万( );他
移山的时间是( )( )之秋;他吃的肉是( )( )鱼肉;他打的鱼
是( )木( )鱼;他用的力是( )能扛( );他最后是出( )( )
死,一( )( )名,奉为( )( );他的( )( )孙孙众( )志
成( )城至( )不( )( )折不( )终于移平了山。( )已( )
之的愚公移山精神催( )奋( )代代( )( )没齿( )家( )
户( )于( )为( ),我们要坚信人( )胜( )知( )而( )埋
( )苦( ),我们要树立( )心( )志,再( )再( )多( )好
( )乘( )破( )坚( )不( )( )志,扬尽( )竭( )地把
愚公移山精神( )扬( )大,励( )图( )( )意( )取( )发图
大( )鸿( )再( )( )煌,把我们的国家建设成为( )欣向
( )繁( )昌( )繁( )似( )朝( )蓬( )生( )勃( )的社
会主义强国。

♥♥♥ 答案链接 ♥♥♥→▶

（马）（放）南山；千（山）万（水）；（多）（事）之秋；（自）（相）鱼肉；（缘）木（求）鱼；（力）能扛（鼎）；出（生）（入）死；一（世）（英）名；奉为（楷）（模）；（子）（子）孙孙；众（志）成（城）；至（死）不（渝）（百）折不（挠）；（古）已（有）之；催（人）奋（进）；代代（相）（传）；没齿（难）（忘）；家（喻）户（晓）；于（今）为（烈）；人（定）胜（天）；知（难）而（进）；埋（头）苦（干）；（雄）心（壮）志；再（接）再（厉）；多（快）好（省）；乘（风）破（浪）；坚（定）不（移）；（斗）志（昂）扬；尽（心）竭（力）；（发）扬（光）大；励（精）图（治）；（锐）意（进）取；（奋）发图（强）；大（展）鸿（图）；再（创）辉煌；（欣）欣向（荣）；繁（荣）昌（盛）；繁（花）似（锦）；朝（气）蓬（勃）；生（机）勃（勃）。

📖📖📖 5月31日 ☞☞☞

📖151 ☺☺☺ 观字形　猜成语 ☺☺☺

下面 45 个字形和图形各有特点，请您仔细观察分析其中特点，寻找其中的规律，分别猜射出相应的成语来。

1. 国城 ；2. 虎蛇 ；3. 行效 ；4. 望张 ；5. 天公 ；6. 得得笑 ；

7. 发=50×2 ＝ 50×2=中 ；8. 材用 ；9. 贪大 ；10. 马 ；

11. 提做 ；12. 礼兵 ；13. 30−29=? ；14. 情景 ；15. 刚柔 ；

16. 同异 ；17. 一=1000斤 ；18. 惊怪 ；19. 思想 ；

20. 望张 ；21. 差错错 ；22. 鸟鸟石 ；

23. 石（死死死死死死死 死死死死死死死）； 24. 成旅； 25. 七八； 26. 孩；

27. 歪倒； 28. 占星； 29. 官只； 30. 灰； 31. 口； 32. 正； 33. Q；

34. □； 35. ⊙； 36. 别； 37. 位位位体； 38. 阳阳阳阳；

39. 壹； 40. 朋月； 41. 仁； 42. ●； 43. 吟咏； 44. 没；

45. 赴 > 继。

♥♥♥ 答案链接 ♥♥♥→▶

1. 倾国倾城； 2. 虎头蛇尾； 3. 上行下效； 4. 东张西望；
5. 天下为公； 6. 一举两得； 7. 百发百中； 8. 大材小用；
9. 贪小失大； 10. 悬崖勒马； 11. 大题小做； 12. 先礼后兵
13. 一念之差； 14. 情景交融； 15. 外柔内刚； 16. 大同小异；
17. 一字千金； 18. 大惊小怪； 19. 左思右想； 20. 阳奉阴违；
21. 一差二错； 22. 一石二鸟； 23. 九死一生； 24. 一成一旅；
25. 横七竖八； 26. 一时半刻； 27. 东倒西歪； 28. 一星半点；
29. 一官半职； 30. 藏污纳垢； 31. 格外大方； 32. 不偏不倚；
33. 张口结舌； 34. 因小失大（遗珠格）； 35. 众矢之的；
36. 别具一格； 37. 三位一体； 38. 三阳开泰； 39. 一分为二；
40. 二分明月； 41. 与众不同（三人行，必有我师）；
42. 一孔之见； 43. 一吟一咏； 44. 不拘一格； 45. 前赴后继。

☺☺☺ 六月 ▶▶▶

成语游戏人生，从今天开始！

📖📖📖 6月1日 ☞☞☞

152 ☺☺☺ "6·1"填字趣组成语 ☺☺☺.

　　"6·1"儿童节来啦！在这温馨美好的节日，少年儿童尽情欢笑，少年儿童收获快乐，少年儿童收获幸福。请在下面"6·1"的方格内填入适当的字，使"6"字按笔顺上下相连、左右贯通，成为7条4字成语接龙，使"1"字上下成为3条4字成语接龙，以此来祝福少年儿童朋友们6·1儿童节快乐！祝愿普天下所有的少年儿童朋友们都能快乐健康地成长！↓

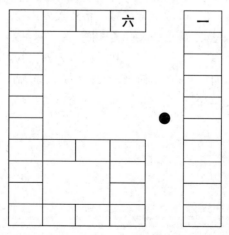

↓♥♥♥ 答案链接 ♥♥♥→▶ ⤵

秣	仰	马	六		一
马					片
厉					冰
兵					心
临					口
城				●	如
下	日	风	世		一
车			一		马
伊			生		当
始	终	如	一		先

📖📖📖 6月2日 ☞☞☞

153 ☺☺☺ 英语成语吧（一）☺☺☺.

您稀饭（喜欢）学英语吗？请把下列英语翻译成为汉语成语，嘿嘿～～，想一想这是什么成语呢？一定要记住喔！动脑筋，让我们一起英汉互译吧！

1. Burn not your house to rid it of the mouse.

2. Black sheep.

3. All rivers run into the sea.（All roads lead to Rome.）

4. Plugging one,s ears while stealing a bell.

5. Let bygones be bygones.

6. Like a duck to water.

7. Not to advance is to go back.

8. To kick down the ladder.

9. No sweet without sweat.

10. Bring up a raven and he,ll pick out your eyes.

11. Get something for nothing.

12. Made a noise in the world.

13. Grasp all , lose all.

14. Blood is thicker than water.

15. It is cloudy and misty, one moment and clears up the next.

16. None are so blind as those who won, t see.

17. None are so deaf as those won, t hear.

18. Measure for measure.

19. To distinglcish right from wrong.

20. Avarice blinds our eyes.

21. A fall into the pit, a gain in your wit. (once bitten , twice shy).

22. No smcke without fire.

23. Nothing is impossible for a willing heart.（Where there，s a wril, there，s a way.）

24. Custom is second nature.

25. Seeing is believing.

26. Be swift to hear , slow to speak.

27. A true friends is known in the day of adversity.

28. Birds of a feather fiock together.

29. Losers are dways in the wrong.

30. To combine theory with practice.

♥♥♥ 答案链接 Answers to♥♥♥➔▶

1. 投鼠忌器；2. 害群之马；3. 殊途同归；4. 掩耳盗铃；

5. 既往不咎；6. 如鱼得水；7. 不进则退；8. 忘恩负义；

9. 先苦后甜（苦尽甘来）；10. 养虎遗患；11. 坐享其成

12. 名闻天下（名满天下）；13. 贪多必失；14. 血浓于水；

15. 豁然开朗；16. 视而不见；17. 充耳不闻；18. 针锋相对；

19. 明辨是非；20. 财迷心窍；21. 吃一堑，长一智；

22. 无风不起浪；23. 有志者，事竟成；24. 习惯成自然；

25. 百闻不如一见；26. 听宜敏捷，言宜缓行；

27. 疾风知劲草，患难见友情；28. 物以类聚，人以群分；

29. 胜者为王败者寇；30. 理论联系实际。

6月3日

154 ☺☺☺ 您从哪里来？我的成语 ☺☺☺.

下面 35 条成语绝大部分出自于我们语文教科书的课文和先秦诸子散文中，请您分别说出它们的出处和作者？

1. 舍生取义； 2. 鸡犬不宁； 3. 痛定思痛； 4. 援疑质理；

5. 揭竿而起，斩木为兵；6. 游刃有余，踌躇满志； 7. 钩心斗角；

8. 知彼知己，百战百胜；9. 怕硬欺软，顺水推舟；10. 呆若木鸡；

11. 曲尽其妙；12. 少壮不努力，老大徒伤悲，海纳百川；

13. 出尔反尔；14. 天长地久；15. 分崩离析；16. 一鼓作气；

17. 道路以目；18. 门庭若市；19. 狡兔三窟；20. 越俎代庖；

21. 鹏程万里；22. 缘木求鱼；23. 祸起萧墙；24. 含英咀华；

25. 细大不捐；26. 业精于勤；27. 贪多务得；28. 同工异曲；

29. 佶屈聱牙；30. 动辄得咎；31. 爬罗剔抉；32. 焚膏继晷；

33. 提要钩玄；34. 投闲置散；35. 力挽狂澜。

♥♥♥ 答案链接 ♥♥♥→ ▶

1.《孟子·鱼我所欲也》，战国·孟轲；2.《河东先生集·捕蛇者说》，唐·柳宗元；3.《指南录后序》，南宋·文天祥；4.《送东阳马生序》，明·宋濂；5.《过秦论》，西汉·贾谊；6.《庄子·疱丁解牛》，战国·庄周；7.《阿房宫赋》，晚唐·杜牧；8.《孙子兵法·谋攻》，春秋末期·孙武；9.《窦娥冤》，元·关汉卿；

10.《聊斋志异·促织》，清·蒲松龄；11.《文赋序》，西晋·陆机；12.《汉乐府·长歌行》；13.《孟子·梁惠王下》，战国·孟轲；14.《长恨歌》，唐·白居易；15.《论语·季氏》，春秋·孔子；16.《左传·曹刿论战》，春秋战国之交时期·左丘明；17.《国语·邵公谏厉王弭谤》，春秋战国之交时期·左丘明；18.《战国策·邹忌讽齐王纳谏》，西汉·刘向；19.《战国策·冯谖客孟尝君》，西汉·刘向；20.《庄子·逍遥游》，战国·庄周；21.《庄子·逍遥游》，战国·庄周；22.《孟子·梁惠王上》，战国·孟轲；23.《易林·豫之随》，汉·焦赣；第24——第35项成语均出自于唐·韩愈《昌黎先生集·进学解》。

📖📖📖 6月4日 ☞☞☞

155 ☺☺☺ 颜色成语填字谜 ☺☺☺

请在下列成语中的括号里分别填入表示颜色的字，以组成65条颜色成语。

1. 数（　）论（　）；　2. 万（　）千（　）；　3.（　）情（　）意；
4. 批（　）判（　）；　5.（　）分明；　6. 纷（　）骇（　）；
7. 灯（　）酒（　）；　8.（　）袍（　）带；　9.（　）头（　）脸；
10. 数（　）论（　）；　11.（　）衣（　）里；　12.（　）男（　）女；
13. 粉（　）黛（　）；　14. 桃（　）柳（　）；　15.（　）衰（　）减；
16.（　）卷（　）灯；　17. 回（　）转（　）；　18. 面（　）耳（　）；
19. 颠倒（　）（　）；　20. 惨（　）愁（　）；　21.（　）水（　）山；
22. 青（　）皂（　）；　23.（　）肥（　）瘦；　24. 姹（　）嫣（　）；
25.（　）装（　）裹；　26. 论（　）数（　）；　27. 好（　）非（　）；
28. 恶（　）夺（　）；　29. 以（　）为（　）；　30.（　）卷（　）灯；
31.（　）蝇染；　32.（　）纸（　）字；　33.（　）山（　）水；
34. 视（　）如（　）；　35. 姚（　）魏（　）；　36. 混淆（　）（　）；

37. （　）马（　）车；　38. （　）蝇点（　）；　39. （　）蝇染（　）；

40. （　）山（　）水；　41. 知（　）守（　）；　42. 七（　）八（　）；

43. 半（　）半（　）；　44. （　）（　）不接；　45. （　）海（　）天；

46. 一（　）二（　）；　47. 看（　）成（　）；

48. 抽［取］（　）妃（　）；　49. （　）天（　）日［大天（　）日］；

50. （　）眉（　）发；　51. 大（　）大（　）

52. 不分（　）（　）［不分（　）红皂（　）］；　53. （　）袍加身；

54. （　）林好汉；　55. 万古长（　）；　56. （　）田生玉；

57. （　）气东升；　58. （　）胆忠心；　59. 唇（　）齿（　）；

60. （　）（　）火火；　61. 马角（　）（　）；　62. （　）颜薄命；

63. 邹缨齐（　）：　64. 近（　）者（　），近（　）者（　）；

65. （　）出于（　），而胜于（　）。

♥♥♥ 答案链接 ♥♥♥→▶

1. 数（白）论（黄）；　2. 万（紫）千（红）；　3. （红）情（绿）意；

4. 批（红）判（白）；　5. （黑）（白）分明；　6. 纷（红）骇（绿）；

7. 灯（红）酒（绿）；　8. （紫）袍（玉）带；　9. （灰）头（土）脸；

10. 数（黑）论（黄）；　11. （绿）衣（黄）里；　12. （红）男（绿）女；

13. 粉（白）黛（黑）；　14. 桃（红）柳（绿）；　15. （红）衰（绿）减；

16. （黄）卷（青）灯；　17. 回（黄）转（绿）；　18. 面（红）耳（赤）；

19. 颠倒（黑）（白）；　20. 惨（绿）愁（红）；　21. （绿）水（青）山；

22. 青（红）皂（白）；　23. （绿）肥（红）瘦；　24. 姹（紫）嫣（红）；

25. （红）装（素）裹；　26. 论（黄）数（黑）；　27. 好（丹）非（素）；

28. 恶（紫）夺（朱）；　29. 以（白）为（黑）；　30. （黄）卷（青）灯；

31. （青）蝇染（白）；　32. （白）纸（黑）字；　33. （白）山（黑）水；

34. 视（丹）如（绿）；　35. 姚（黄）魏（紫）；　36. 混淆（黑）（白）；

37. （白）马（素）车；　38. （青）蝇点（素）；　39. （青）蝇染（白）；

40. （青）山（绿）水；　41. 知（白）守（黑）；　42. 七（青）八（黄）；

43. 半（青）半（黄）；　44. （青）（黄）不接；　45. （碧）海（青）天

46. 一 [清 (青)] 二 (白)；47. 看 (朱) 成 (碧)；

48. 抽 [取] (青) 妃 (白)；49. (青) 天 (白) 日 [大天 (白) 日]；

50. (龙) 眉 (皓) 发； 51. 大 (红) 大 (紫)；

52. 不分 (皂) (白) [不分 (青) 红皂 (白)]； 53. (黄) 袍加身；

54. (绿) 林好汉； 55. 万古长 (青)； 56. (蓝) 田生玉；

57. (紫) 气东升； 58. (赤) 胆忠心； 59. 唇 (红) 齿 (白)；

60. (红) (红) 火火； 61. 马角 (乌) (白)； 62. (红) 颜薄命；

63. 邹缨齐 (紫)；64. 近 (朱) 者 (赤)，近 (墨) 者 (黑)；

65. (青) 出于 (蓝)，而胜于 (蓝)。

📖📖📖 6月5日 ☞☞☞

156 ☺☺☺"金"字10词回宫接龙成语游戏 ☺☺☺

　　盘龙的特点是可以循环读下去的龙，设计这种格式是为了便于读者反复诵读和熟练背诵。回宫接龙最突出的特点就是龙头与龙尾是同一个字，这种龙既可以向盘龙那样反复循环诵读，又可以根据自己掌握的成语随意自主转接下去。请在下图方格内填入适当的字，组成以"金"字为龙首，又以"金"字为龙尾的10条回宫成语接龙，以创建 "金"字回宫接龙成语游戏转转乐乐园。好玩吧！读来读去又读回来了，只有这样反复诵读才能好记好学成语哦～～。只有这样学成语，运用成语才可熟能生巧。

				金					
		❋"金"字10词回宫接龙成语游戏 ❋							

♥♥♥ 答案链接 ♥♥♥→▶

里	挑	一	字	千	金	口	玉	言	而	无	信
万											口
上		※ "金"字10词回宫接龙成语游戏 ※									开
千											河(合)
成	渠	到	水	恶	山	穷	词	屈	理	合	情

金口玉言 ➜ 言而无信 ➜ 信口开河 ➜ (合)情合理理屈词穷 ➜
穷山恶水 ➜ 水到渠成 ➜ 成千上万 ➜ 万里挑一 ➜ 一字千金。

📖📖📖 6月6日 ☞☞☞

157 ☺☺☺ 填字补成语组地名 ☺☺☺.

请您在下面成语的空方格内填入适当的字，分别组成含有某地名的4字成语接龙。

1. 玉洁冰□□远流长；
2. 万象更□□安国泰；
3. 万应灵□□床快婿；
4. 耳目一□□和年稔；
5. 民康物□□婚燕尔；
6. 相得益□□侠小说；
7. 如意算□□心绣口；
8. 苦心经□□耳相传；
9. 八字打□□始要终；
10. 进旅退□□缕成帷；
11. □躬自问□理成章；
12. □庄大道□易近人；
13. □高采烈□下之盟；
14. □书铁券□西南北；
15. □方之家□中三元；
16. □气蓬勃□春白雪；
17. □阁生风□家落户；
18. □壁铜墙翻山越□；
19. □绣前程声东击□；
20. 只争□夕有脚□春。

♥♥♥ 答案链接 ♥♥♥→▶

1. 玉洁冰清源远流长；
2. 万象更新民安国泰；
3. 万应灵丹东床快婿；
4. 耳目一新民和年稔；
5. 民康物阜新婚燕尔；
6. 相得益彰武侠小说；
7. 如意算盘锦心绣口；
8. 苦心经营口耳相传；
9. 八字打开原始要终；
10. 进旅退旅顺缕成帷；
11. 抚躬自问顺理成章；
12. 康庄大道平易近人；
13. 兴高采烈城下之盟；
14. 丹书铁券东西南北；
15. 大方之家连中三元；
16. 朝气蓬勃阳春白雪；
17. 台阁生风安家落户；
18. 铁壁铜墙翻山越岭；
19. 锦绣前程声东击西；
20. 只争朝夕有脚阳春。

📖📖📖 6月7日 ☞☞☞

158 ☺☺☺ 趣填字，列算式，组成语 ☺☺☺．

请您在下图中第一、三横行的空方格内或第二、四横行的空方格内分别填入适当的数字或汉字，使其横向读组成 4 条算式，竖向读组成 5 条 4 字成语。⬇

十	一	=		+		=	七
战	�֎		✖	头	✖		✖	上
	一	八	=		+	六	=
	✖	落	✖		✖	活	✖

♥♥♥ 答案链接 ♥♥♥→▶

十	一	七	＝	三	＋	四	＝	七
战	✖	零	✖	头	✖	清	✖	上
十	一	八	＝	二	＋	六	＝	八
胜	✖	落	✖	面	✖	活	✖	下

📖📖📖 6月8日 ☞☞☞

159 ☺☺☺ 趣味选择成语主角各就各位 ☺☺☺.

请您准确无误地选出下列成语的主角人物，使其一对一各就各位。

刘备　诸葛亮　廉颇　匡衡　文天祥　班超　宋玉

祖逖　项羽　岳飞　王羲之　籍谈　蔺相如　黄忠　文与可

胸有成竹（　），凿壁借光（　），尽忠报国（　），
完璧归赵（　），慷慨悲歌（　），鞠躬尽瘁（　），
负荆请罪（　），一挥而就（　），闻鸡起舞（　），
三顾茅庐（　），投笔从戎（　），百步穿杨（　），
数典忘祖（　），曲高和寡（　），入木三分（　）。

♥♥♥ 答案链接 ♥♥♥→▶

胸有成竹（文与可），凿壁借光（匡衡），尽忠报国（岳飞），完璧归赵（蔺相如），慷慨悲歌（项羽），鞠躬尽瘁（诸葛亮），负荆请罪（廉颇），一挥而就（文天祥），闻鸡起舞（祖逖），三顾茅庐（刘备），投笔从戎（班超），百步穿杨（黄忠），数典忘祖（籍谈），曲高和寡（宋玉），入木三分（王羲之）。

📖📖📖📖 6月9日 ✍✍✍

160 ☺☺☺ 成语中的"吉尼斯纪录"☺☺☺.

一些成语通过巧妙联想，妙趣横生，创造了成语中的吉尼斯纪录，回味无穷。请通过联想写出下列有趣的"成语之最"，读一读，记一记这些成语中的吉尼斯纪录吧！您一定会很棒哦～～～！您秀您行，一定要 Hiod 住哦！相信通过大家的一起努力，一项最快速度熟记"成语之最"的全新的吉尼斯纪录一定会诞生出来的。

1. 最大的容量——   ； 2. 最大的嘴——   ；
3. 最高的人——   ； 4. 最大的变化——   ；
5. 最大的地方——   ； 6. 最宽的视野——   ；
7. 最清洁的地方——   ； 8. 最短的季节——   ；
9. 最宝贵的话语——   ； 10. 最怪的动物——   ；
11. 最长的一天——   ； 12. 最安静的时刻——   ；
13. 最华丽的地方——   ； 14. 最大的手——   ；
15. 最快的阅读速度——   ； 16. 最大的胆量——   ；
17. 最长的时间——   ； 18. 最尖的针——   ；
19. 最高的利润——   ； 20. 最高的工资——   ；
21. 最快的阅读速度——   ； 22. 最短的季节——   ；
23. 最大的瀑布——   ； 24. 最长的腿脚——   ；
25. 最大的巴掌——   ； 26. 最吝啬的人——   ；
27. 最小的胆量——   ； 28. 最好色的人——   ；
29. 最有重量的骂——   ； 30. 最特殊的人——   ；
31. 最殷切的思念——   ； 32. 最闪电的爱情——   ；
33. 最快速度交情的朋友——   ； 34. 最有劲的手——   ；
35. 最大的河流——   ； 36. 最惜钱如命的人——   ；
37. 最倒霉的日子——   ； 38. 最廉洁的官吏——   ；
39. 最浪费的人——   ； 40. 最顺利的旅行——   ；
41. 最远的距离——   ； 42. 最大的嘴（最深的呼吸）——   ；

43. 最轻松的老师—— ；44. 最大的冠军—— ；
45. 最聪明和最愚笨的人—— ；46. 最不公正的信任—— ；
47. 最来路不正的财物—— ；48. 最快速度的盲打技术——；
49. 最好的技术—— ；50. 最大的图书馆（书城）——；
51. 最团结的集体—— ；52. 最不团结的集体—— ；
53. 最大的债务—— ；54. 最有名气的人—— ；
55. 最孤独的人—— ；56. 最有威力的声音—— ；
57. 最失望的心情—— ；58. 最大的遗憾—— ；
59. 最顺利的处境—— ；60. 最轻浮油腔的语言—— ；
61. 最大公无私的人—— ；62. 最小的差错率—— ；
63. 最不好治疗的疾病—— ；64. 最目光短浅的人—— ；
65. 最快的推广速度—— ；66. 最高的效率—— ；
67. 最有价值的建议—— ；68. 最长远的规划—— ；
69. 最恩爱的夫妻—— ；70. 最言简意赅的语言—— ；
71. 最快的速度—— ；72. 最后的赌注—— ；
73. 最窄的路—— ；74. 最大的肚量—— ；
75. 最熊的股市—— ；76. 最大的落差—— ；
77. 最繁忙的航空港—— ；78. 最大的眼—— ；
79. 最反常的气候—— ；80. 最多的颜色—— 。

♥♥♥ 答案链接 ♥♥♥→►

1. 最大的容量——包罗万象；2. 最大的嘴——气吞山河；
3. 最大的步伐——一步登天；4. 最大的变化——天翻地覆；
5. 最大的地方——一望无际；6. 最宽的视野——一览无余；
7. 最清洁的地方——一尘不染（一尘不到）；
8. 最短的季节——一日三秋；9. 最昂贵的话语——一诺千金；
10. 最怪的动物——虎头蛇尾；11. 最长的一天——度日如年；
12. 最安静的时刻——万籁俱寂；13. 最华丽的地方——琼楼玉宇；

14. 最大的手——一手遮天；15. 最快的阅读速度——一目十行；

16. 最大的胆量——胆大包天；

17. 最长的时间—度日如年（一日三秋）；

18. 最尖的针——无孔不入　19. 最高的利润——一本万利；

20. 最高的工资——一刻千金；21. 最快的阅读速度——一目十行；

22. 最短的季节——一日三秋；23. 最大的瀑布——一落千丈；

24. 最长的腿脚——一步登天；25. 最大的巴掌——一手遮天；

26. 最吝啬的人——一毛不拔；27. 最小的胆量——胆小如鼠；

28. 最好色的人——色胆包天；29. 最有重量的骂——狗血喷头；

30. 最特殊的人——高人一等；31. 最殷切的思念——一日三秋；

32. 最闪电的爱情——一见钟情；

33. 最快速度交情的朋友——一见如故；

34. 最有劲的手——一手托天；35. 最大的河流——口若悬河；

36. 最惜钱如命的人——一钱如命；37. 最倒霉的日子——生不逢时；

38. 最廉洁的官吏——一钱太守；39. 最浪费的人——一掷千金；

40. 最顺利的旅行——一帆风顺；41. 最远的距离——天悬地隔；

42. 最大的嘴（最深的呼吸）——口若悬河；

43. 最轻松的老师——一字之师；44. 最大的冠军——天下第一；

45. 最聪明和最愚笨的人——上智下愚；

46. 最不公正的信任——偏听偏信；

47. 最来路不正的财物—不义之财；

48. 最快速度的盲打技术——运用自如；

49. 最好的技术——运斤成风；

50. 最大的图书馆（书城）——坐拥百城；

51. 最团结的集体——众星捧月（众志成城、众擎易举）；

52. 最不团结的集体——乌合之众（众叛亲离）；

53. 最大的债务——债台高筑（负债累累）；

54. 最有名气的人——名闻天下（闻名中外）；

55. 最孤独的人——孤家寡人；56. 最有威力的声音——叱咤风云；

57. 最失望的心情——万念俱灰；58. 最大的遗憾——终天之恨；

59. 最顺利的处境——万事大吉（万事亨通）；

60. 最轻浮油腔的语言——油腔滑调；

61. 最大公无私的人——天下为公；62. 最小的差错率——万无一失；

63. 最不好治疗的疾病——不治之症；

64. 最目光短浅的人——杀鸡取卵（鼠目寸光）；

65. 最快的推广速度——遍地开花；66. 最高的效率——事半功倍；

67. 最有价值的建议——一言兴邦；68. 最长远的规划——百年大计；

69. 最恩爱的夫妻——一双两好；

70. 最言简意赅的语言——一语破的；

71. 最快的跑步速度——一步登天；72. 最后的赌注——孤注一掷；

73. 最窄的路——冤家路窄；74. 最大的肚量——宰相肚里能撑船；

75. 最熊的股市——血本无归；76. 最大的落差——一落千丈；

77. 最繁忙的航空港——日理万机；78. 最大的眼——放眼世界；

79. 最反常的气候——晴天霹雳；80. 最多的颜色——万紫千红。

📖📖📖 6 月 10 日 ☞☞☞

161 ☺☺☺ 凭"心"、"情" 来趣填成语 ☺☺☺.

您的"心""情"还好吗？请晒晒"心""情"喽！请在下面成语的空方格内填入适当的字，凭"心"、"情"来组成"心"、"情"成语。来吧！请靓出您的美丽"心""情"吧！

1. □心相印，□安理得，□不在焉，□慈手软，□闲手敏，
□服口服，□如坚石，□高气傲，□织笔耕，□醉魂迷。

2. □景相融，□不自禁，□窦初开，□同手足，□文并茂，
□恕理遣，□至意尽，□文相生，□投意合，□见乎辞。

♥♥♥ **答案链接** ♥♥♥➔▶

1. 心心相印，心安理得，心不在焉，心慈手软，心闲手敏，
   心服口服，心如坚石，心高气傲，心织笔耕，心醉魂迷。
2. 情景相融，情不自禁，情窦初开，情同手足，情文并茂，
   情恕理遣，情至意尽，情文相生，情投意合，情见乎辞。

📖📖📖 **6月11日** ☞☞☞

 ☺☺☺ **按要求克隆成语** ☺☺☺.

请按下列要求分别克隆写出 5 条 4 字成语。

1. 写出 5 条带有"年"的成语。
2. 写出 5 条带有"月"的成语。
3. 写出 5 条带有"日"的成语。
4. 写出 5 条带有数字的成语。
5. 写出 5 条带有反义词的成语。
6. 写出含有"鸟"字且与鸟类有关的 5 条 4 字成语。
7. 写出含有"花"字且是成语首字的 5 条 4 字成语。
8. 写出用于描写鲜花的 5 条 4 字成语。
9. 写出形容人睿智聪明智慧高的 5 条 4 字成语。
10. 写出含有历史人物名称的 5 条 4 字成语。

♥♥♥ **答案链接** ♥♥♥➔▶

1. 年年有余，度日如年，年复一年，年高德劭，延年益寿。
2. 花好月圆，皓月当空，日积月累，日月合璧，皓月当空。
3. 日积月累，日理万机，日新月异，日中为市，来日方长。
4. 七上八下，四面八方，七嘴八舌，三位一体，九十春光。
5. 大惊小怪，三长两短，异口同声，柔茹刚吐，死里逃生。

6. 兽聚鸟散， 鸟语花香， 惊弓之鸟， 鸟尽弓藏， 一石二鸟。
7. 花好月圆， 花萼相辉， 花前月下， 花红柳绿， 花枝招展。
8. 繁花似锦， 落英缤纷， 姹紫嫣红， 万紫千红， 绚丽多彩。
9. 聪明睿智， 冰雪聪明， 聪明伶俐， 足智多谋， 聪明才智。
10. 东施效颦， 后羿射日， 愚公移山， 女娲补天， 韩信点兵。

6月12日

 163 ☺☺☺ 成语哑谜（一）☺☺☺.

哑谜又名"哑谜儿"，它要求参加猜射的人不许出声，只能用动作来猜射谜底的谜语，故称"哑谜"。这种谜谜面别致，猜法奇特，心领神会，雅致幽默。此谜以实物布置为谜面，标出谜目，猜者通过实物的名称、形状、大小、颜色和互相间的位置，改变其位置或者拿实物做某一个或者某几个动作来暗示谜底。请您猜射下列成语哑谜。

端午节游艺联欢会上，主持人讲台旁边挂着一块小黑板，上面写着一个"泵"字。要求参加猜谜的人做一个动作，猜一条4字成语和一种建筑材料名称。正在大家思索的时候，只见坐在前排的智多星小李子走上前去，用手把黑板上"泵"字下面的"水"字擦去。主持人连忙高兴地宣布说道："智多星，恭喜您，您猜中了。"您知道这位智多星小李子猜的是哪条成语和哪样建筑材料吗？

♥♥♥ 答案链接 ♥♥♥→▶

成语：水落石出。建筑材料是：水磨石。（解析：磨，磨擦之意。）

📖📖📖 **6月13日** 🖐🖐🖐

|164| ☺☺☺ **从古诗词中寻觅成语** ☺☺☺.

　　古诗词里含有不少成语，请您在下列古诗词空格里填上恰当的成语，使之成为名语佳句，既学到成语又学好古诗，一举两得乐翻天，何乐而不为呢？赶快行动吧！我们一起寻"宝"吧！一同体味中华成语魁宝的博大精深、源远流长、典雅工巧、智趣隽美吧！填填看，您一定能行哦～～！

1. 汤武偶相逢，□□□□；兴王只在笑谈中。

　　　　　　　　　　　——［北宋·王安石《浪淘沙令》词］

2. □□□□二月天，拂堤杨柳醉春烟。

　　　　　　　　　　　　　——［清·高鼎诗《村居》］

3. □□□□总无情，一任阶前点滴到天明。

　　　　　　　　　　　——［南宋·蒋捷《虞美人》词］

4. □□□□，浪淘尽，千古风流人物。

　　　　　　　　　——［北宋·苏轼《念奴娇·赤壁怀古》］

5. □□□□无禁利，熙熙同似昆明春。

　　　　　——［唐·白居易《白氏长庆集·昆明春水满》］

6. □□□□合，星桥铁锁开。

　　　　　　　　　　　　——［唐·苏味道《观灯》］

7. □□□□终不悔，为伊消得人憔悴。

　　　　　　　　　　——［北宋·刘商《胡笳十八拍》］

8. □□□□有穷时，只有相思无尽处。

　　　　　　　　　　　——［北宋·晏殊《玉楼春》］

9. □□□□关不住，一枝红杏出墙来。

　　　　　　　　　——［南宋·叶绍翁《游小园不值》］

10. □□□□值千金，花有清香月有阴。

　　　　　　　　　　　　——［北宋·苏轼《春宵》］

11. □□□□天日下，数行清泪岭云南。

——[宋·苏轼《过岭寄子由》]

12. □□□□古所叹，管仲萧何实流亚。

　　——[宋·陆游《剑年诗篇·送辛幼安殿撰造朝》诗]

13. □□□□游山寺，不上灵岩即虎丘。

　　　　　——[宋·范成大《田园杂兴》诗]

14. 想当年□□□□，气吞万里如虎。

——[南宋·辛弃疾《稼轩长短句·永遇乐·京口北固亭怀古》]

15. □□□□朝天去，免得闾阎话短长。

　　　　　　　——[明·于谦《入京》]

16. 九州生气恃风雷，□□□□究可哀。

　　　　　——[清·龚自珍《乙亥杂诗》]

17. 我劝天公重抖擞，□□□□降人材。

　　　　　——[清·龚自珍《乙亥杂诗》]

18. 欲把西湖比西子，□□□□总相宜。

　　　　——[宋·苏轼《饮湖上初晴后雨》]

19. 狂风落尽深红色，□□□□子满枝。

　　　　　——[宋·计有功《唐诗纪事》]

20. 等闲识得东风面，□□□□总是春。

　　　　　　——[宋·朱熹《春风》]

21. 行人自是心如火，□□□□不觉长。

　　——[五代·前蜀·韦縠《才调集·韦庄·秋日早行》]

22. 梧桐夜雨词凄绝，□□□□谤偶然。

　　　　　　——[清·朱彝尊《酬洪昇》]

23. 云淡风轻近午天，□□□□过前川。

　　　　——[宋·程颢《春日偶成》(或《偶成》诗]

24. 名军大将莫自牢，□□□□避白袍。

　　　　　　——[《南史·陈庆之传》]

25. 莫惜连船沽美酒，□□□□买芳春。

　　　——[唐·李白《自汉阳病酒归寄王明府》]

26. 登斯楼也，则有□□□□，宠辱皆忘，把酒临风，其喜洋洋者矣。

——［宋·范仲淹《范文正公集·岳阳楼记》］

27. 君诗高处古无师，□□□□讵足差。

——［宋·朱熹诗《次韵谢刘仲行惠笋》］

28. 钓溪筑野收多士，□□□□各一家。

——［宋·黄庭坚《豫章集·和中玉使君晚秋开天宁节道场》］

29. 山重水复疑无路，□□□□又一村。

——［宋·陆游《剑南诗篇·游山西村》］

30. 玉轮顾兔初生魄，□□□□未有枝。

——［唐·李商隐《碧城》］

31. 五更颠风吹急雨，□□□□洗残暑。

——［宋·陆游《夜宿阳山矶……遂抵雁翅浦》］

32. 赖有明朝看潮在，□□□□斗新妆。

——［宋·苏轼《八月十七复登望海楼》］

33. 相逢不用忙归去，□□□□蝶也愁。

——［宋·苏轼《九日次韵王巩》］

34. 两情若是久长时，又岂在□□□□。

——［北宋·秦观《鹊桥仙》词］

35. 知否，知否？应是□□□□！。

——［南宋·李清照《如梦令》词］

36. 天垂缭白萦青外，人在□□□□中。

——［宋·陆游《剑南诗稿·新筑山亭戏作》］

37. 有家兄打圆就方，非奴家□□□□。

——［明·汤显祖《邯郸记·赠试》］

38. 平生不敢轻言语，一叫□□□□开。

——［明·唐寅（字伯虎）《六如居士集·鸡》］

39. 一年春色摧残尽，再觅□□□□来。

——［宋·范成大诗《石湖集·再赋简养正》］

40. □□□□□□，俯首甘为孺子牛。
　　　　——［汉·《汉书·王嘉传》，后语出鲁迅《自嘲》］

41. □□□□□□，向阳花木易为春。
　　　　　　——［北宋·苏麟《有感》］

42. □□□□□□，似曾相识燕归来。
　　　　　　——［北宋·晏殊《浣溪沙》词］

43. 溪云初起日沉阁，□□□□□□□。
　　　　　　——［唐·许浑《丁卯集·咸阳城东楼》］

44. 身无彩凤双飞翼，□□□□□□□。
　　　　　　——［唐·李商隐《李义山诗集·无题》诗］

45. 沉舟侧畔千帆过，□□□□□□□。
——［唐·刘禹锡《刘梦得诗集·酬乐天扬州初逢席上见赠》］

♥♥♥ 答案链接 ♥♥♥→►

1. 风虎云龙； 2. 草长莺飞； 3. 悲欢离合； 4. 大江东去；

5. 天涯地角； 6. 火树银花； 7. 衣带渐宽； 8. 天涯地角；

9. 春色满园；10. 春宵一刻；11. 一片丹心；12. 大材小用；

13. 一年一度；14. 金戈铁马；

15. 清风两袖，（后一句可源出成语：说长道短）；

16. 万马齐喑；17. 不拘一格；18. 淡妆浓抹；

19. 绿叶成阴（荫）；20. 万紫千红；21. 兔走乌飞；

22. 蕙苡明珠；23. 傍花随柳；24. 千军万马；25. 千金一掷；

26. 心旷神怡；27. 岛瘦郊寒；28. 航海梯山；29. 柳暗花明；

30. 铁网珊瑚；31. 倒海翻江；32. 万人空巷；33. 明日黄花

34. 朝朝暮暮；35. 绿肥红瘦；36. 纷红骇绿；37. 数白论黄；

38. 千门万户；39. 姚黄魏紫；40. 横眉冷对千夫指；

41. 近水楼台先得月；42. 无可奈何花落去；

43. 山雨欲来风满楼；44. 心有灵犀一点通；

45. 病树前头万木春。

📖📖📖 6月14日 ☞☞☞

[165] ☺☺☺ 广告词语中的另类"成语活用" ☺☺☺.

时下，社会上的广告词语五花八门，其中有一种广告词语创意十分标新立异，这种广告词语的特点是：一般采用谐音字和关联法，灵活改动成语中的某一两个字，然后用这个"成语"作为这个被广告主体物品的广告词语，例如：某胃药广告——一步到胃，把"一步到位"的"位"改为同音字"胃"，更能准确说明该胃药疗效，从而激发顾客购买该胃药的强烈欲望。这种广告词语中的活用现象，我们可称之为另类"成语活用"现象。恰当地"活用"成语，能收到积极宣传商品的效果，是广告营销的明智策略。下列的广告语都是"成语活用"，请给下列广告语"消毒"，写出被活用的4字成语，恢复这些成语的原貌。(温馨提示：被"活用"的广告词语可不是成语哦！只是个广告语而已，我们应用成语时一定要谨慎，千万别中毒哦！切莫依照广告语写错成语，造成表达上不必要的麻烦噢。)

1. 某磁化杯广告语——有杯无患；
2. 某保温杯广告语——有口皆杯；
3. 某牙膏广告语——牙口无言；
4. 某蚊香（驱蚊器）广告语——默默无蚊；
5. 某胃药广告语——无胃不至；
6. 某消炎药广告语——快治人口；
7. 某止咳药广告语——咳不容缓；
8. 某摩托车（山地车)广告语——骑乐无穷；
9. 某胶带广告语——无可替带；
10. 某营养品广告语——鳖来无恙；
11. 某丰胸美容院广告语——波涛胸涌；
12. 某热水器广告语——随心所浴；
13. 某加湿器广告语——湿出有因；
14. 某帽子公司广告语——以帽取人；

15. 某养鸡场广告语——鸡不可失；

16. 某网吧广告语——你来我网；

17. 某网吧广告语——一网情深；

18. 某洗衣机广告语——爱不湿手；

19. 某烧烤快餐厅广告语——烧胜一筹；

20. 某电熨斗广告语——百衣百顺；

21. 某服装店广告语——衣衣不舍；

22. 某饮品广告语——饮以为荣；

23. 某眼病治疗仪（明目器）广告语——一明惊人；

24. 某品牌味精广告语——一路领鲜；

25. 某鞋店广告语——和鞋共处（歪门鞋道）；

26. 某小饰品店广告语——品头品足；

27. 某酒类广告语——天尝地酒；

28. 某服装店广告语——百衣百顺；

29. 某调味品专营店广告语——千滋百味；

30. 某鞋店广告语——步步为赢；

31. 某猪肉专卖店广告语——六神乌猪；

32. 某木业公司的广告语——琳琅满木；

33. 某品牌酒、饮料广告语——质同道喝；

34. 某蟹产品广告语——蟹兵蟹将；

35. 某男科医院广告语——扬长避短；

36. 某妇科医院广告语——宫无不克防治有刀；

37. 某手语培训学校广告语——手当其冲；

38. 某沙场广告语——极沙成塔；

39. 某大理石广告语——典石成金；

40. 某羊绒制品公司广告语——喜气羊羊；

41. 某品牌排球广告语——供不应球；

42. 某海鲜店广告语——一路领鲜；

43. 某酿名斋测名社广告语——一名惊人；

44. 某清洁用品店广告语——净善净美；
45. 某强制戒毒所的广告语——无毒有偶；
46. 某煤炭公司的广告语——煤目传情；
47. 某税务代理公司的广告语——税到渠成；
48. 某职业介绍中心的广告语——职道而来（为人正职）；
49. 某银行和证券市场的广告语——锦绣钱程（前途无量）；
50. 某房地产公司及物业公司的广告语——屋超所值（屋尽其用）。

♥♥♥ 答案链接 ♥♥♥➔►

1. 某磁化杯广告语——有备无患；
2. 某保温杯广告语——有口皆碑；
3. 某牙膏广告语——哑口无言；
4. 某蚊香（驱蚊器)广告语——默默无闻；
5. 某胃药广告语——无微不至；
6. 某消炎药广告语——脍炙人口；
7. 某止咳药广告语——刻不容缓；
8. 某摩托车（山地车）广告语——其乐无穷；
9. 某胶带广告语——无可替代；
10. 某营养品广告语——别来无恙；
11. 某丰胸美容院广告语——波涛汹涌；
12. 某热水器广告语——随心所欲；
13. 某加湿器广告语——事出有因；
14. 某帽子公司广告语——以貌取人；
15. 某养鸡场广告语——机不可失；
16. 某网吧广告语——你来我往；
17. 某网吧广告语——一往情深；
18. 某洗衣机广告语——爱不释手；
19. 某烧烤快餐厅广告语——稍胜一筹；

20. 某电熨斗广告语——百依百顺；

21. 某服装店广告语——依依不舍；

22. 某饮品广告语——引以为荣；

23. 某眼病治疗仪（明目器）广告语——一鸣惊人；

24. 某味精广告语——一路领先；

25. 某鞋店广告语——和谐共处（歪门邪道）；

26. 某小饰品店广告语——评头品足；

27. 某酒类广告语——天长地久；

28. 某服装店广告语——百依百顺；

29. 某调味品专营店广告语——千姿百态；

30. 某鞋店广告语——步步为营；

31. 某猪肉专卖店广告语——六神无主；

32. 某木业公司的广告语——琳琅满目；

33. 某品牌酒、饮料广告语——志同道合；

34. 某蟹产品广告语——虾兵蟹将；

35. 某男科医院广告语——扬长补短；

36. 某妇科医院广告语——攻无不克，防之有道；

37. 某手语培训学校广告语——首当其冲；

38. 某沙场广告语——积沙成塔；

39. 某大理石广告语——点石成金；

40. 某羊绒制品公司广告词——喜气洋洋；

41. 某品牌排球广告语——供不应求；

42. 某海鲜店广告语——一一路领先；

43. 某酿名斋测名社广告语——一鸣惊人；

44. 某清洁用品店广告语——尽善尽美；

45. 某强制戒毒所的广告语——无独有偶；

46. 某煤炭公司的广告语——眉目传情；

47. 某税务代理公司的广告语——水到渠成；

48. 某职业介绍中心的广告语——直道而来（为人正直）；

49. 某银行和证券市场的广告语——锦绣前程（前途无量）；
50. 某房地产公司及物业公司的广告语

　　　　　　　　　　　　——物有所值（物尽其用）。

📖📖📖📖 6月15日 🔖🔖🔖

166 ☺☺☺ **寻对手趣填反义词成语（三）** ☺☺☺.

请在下面括号里分别写出与下面成语反义的 4 字成语。

目不识丁——（　　　）；惊弓之鸟——（　　　）；

如临大敌——（　　　）；众所周知——（　　　）；

先己后人——（　　　）；众望所归——（　　　）；

忠贞不渝——（　　　）；吞吞吐吐——（　　　）；

惊慌失措——（　　　）；无精打采——（　　　）；

鼠目寸光——（　　　）；下里巴人——（　　　）；

愚不可及——（　　　）；凌云壮志——（　　　）；

转瞬即逝——（　　　）；自力更生——（　　　）；

忘恩负义——（　　　）；郑重其事——（　　　）；

知恩必报——（　　　）；迷途知返——（　　　）；

标新立异——（　　　）；遗臭万年——（　　　）；

山穷水尽——（　　　）；不速之客——（　　　）；

投笔从戎——（　　　）；锦上添花——（　　　）；

麟凤龟龙——（　　　）。

♥♥♥ 答案链接 ♥♥♥➜▶

目不识丁——（学富五车）；惊弓之鸟——（谈笑自若）；

如临大敌——（神色不惊）　众所周知——（秘而不宣）；

先己后人——（置之度外）　众望所归——（众叛亲离）；

忠贞不渝——（见异思迁）；吞吞吐吐——（畅所欲言）；

惊慌失措——（从容不迫）；无精打采——（神采奕奕）；

鼠目寸光——（高瞻远瞩）；下里巴人——（阳春白雪）；

愚不可及——（足智多谋）；凌云壮志——（不求上进）；

转瞬即逝——（万古长青）；自力更生——（群策群力）；

忘恩负义——（感恩图报）；郑重其事——（嬉皮笑脸）；

知恩必报——（恩将仇报）；迷途知返——（执迷不悟）；

标新立异——（墨守成规）；遗臭万年——（流芳百世）；

山穷水尽——（柳暗花明）；不速之客——（应邀嘉宾）；

投笔从戎——（偃武修文）；锦上添花——（雪中送炭）；

麟凤龟龙——（牛鬼蛇神）。

📖📖📖 6 月 16 日 ☞☞☞

167 ☺☺☺《西游记》四人物形象 ☺☺☺.

在下列括号中填补上适当的字组成成语，熟记《西游记》唐僧、孙悟空、猪八戒、沙和尚这组师徒 4 人的形象。

孙悟空具有聪（　）才，他（　）明强（　），具有降（　）捉（　）之能，他抓（　）挠（　），目（　）无（　），能（　）云（　）雾，料（　）如（　），一个筋斗十万八千里，真是个名（　）（　）传，盖（　）无（　）的齐天大圣。猪八戒（　）头（　）耳，笨（　）笨（　），好（　）懒（　），能（　）会（　）。沙和尚（　）命（　）从，勤（　）恳（　），（　）态可（　），老（　）持（　）。唐僧是老僧入定，赤（　）忠（　），（　）眉（　）目，（　）（　）有词。师徒 4 人齐（　）协（　），精（　）团（　），（　）志不（　），（　）山（　）水，西（　）净（　）求真经这一故事标（　）立（　），（　）远（　）长口（　）载（　），至今家（　）户（　），妇（　）皆（　），津（　）乐（　）。

♥♥♥ 答案链接 ♥♥♥→▶

孙悟空具有聪(明)才(智)，他(精)明强(干)，具有降(妖)捉(魔)之能，他抓(耳)挠(腮)，目(中)无(人)，能(腾)云(驾)雾，料(事)如(神)，一个筋斗十万八千里，真是个名(不)(虚)传，盖(世)无(双)的齐天大圣。猪八戒(肥)头(大)耳，笨(手)笨(脚)，好(吃)懒(做)，能(说)会(道)。沙和尚(唯)命(是)从，勤(勤)恳(恳)，(憨)态可(掬)，老(成)持(重)。唐僧是老僧入定，赤(胆)忠(心)，(慈)眉(善)目，(念)(念)有词。师徒4人齐(心)协(力)，精(诚)团(结)，(矢)志不(渝)，(跋)山(涉)水，西(方)净(土)求真经，这一故事标(新)立(异)，(源)远(流)长，口(碑)载(道)，至今家(喻)户(晓)，妇(孺)皆(知)，津(津)乐(道)。

📖📖📖 6月17日 ☞☞☞

 ☺☺☺ 成语字谜猜猜猜 ☺☺☺.

请用下面的每条成语分别猜射一个字谜。

1. 一针见血； 2. 唇齿相依； 3. 酒囊饭袋； 4. 一鸣惊人；

5. 独具匠心； 6. 三三两两； 7. 一波三折； 8. 济济一堂；

9. 披荆斩棘； 10. 软硬兼施； 11. 偏听偏信； 12. 目不识丁；

13. 平易近人； 14. 两全其美； 15. 逃之夭夭； 16. 充耳不闻；

17. 黯然失色； 18. 头重脚轻； 19. 悲喜交集； 20. 接二连三；

21. 繁花似锦； 22. 助人为乐； 23. 半推半就； 24. 斩草除根；

25. 有声有色； 26. 三十而立； 27. 一呼百应； 28. 良莠不齐；

29. 一言为定； 30. 万紫千红； 31. 分道扬镳； 32. 丰衣足食；

33. 滥竽充数； 34. 莺歌燕舞。

♥♥♥ 答案链接 ♥♥♥→▶

1. 皿；2. 呀；3. 胃；4. 鸽；5. 斤；6. 十；7. 皮；8. 侈；9. 刺；
10. 砍；11. 唁；12. 甥；13. 伴；14. 关；15. 兆；16. 龙；
17. 音；18. 炭；19. 志；20. 一；21. 艳；22. 竺；23. 扰（掠）；
24. 日；25. 黯；26. 丰；27. 从；28. 田；29. 否；30. 艳；
31. 路；32. 裕；33. 吹；34. 鸣。

📖📖📖 6月18日 ☞☞☞

169 ☺☺☺ 趣填成语组汽车品牌名（一）☺☺☺.

下面每一组成语中，带有某一个汽车品牌称谓。请您在下面每一组成语空方格内填上适当的字，使每一组成语每一横行都成为一条含有某一个汽车品牌称谓的成语。

1. 文房四□□到成功； 2. 青出于□□能择木；
3. 一念通□□腾虎跃； 4. 半青半□□阔天空；
5. 发扬光□□愤图强； 6. 一知半□□任自流；
7. 不足为□□气祥云； 8. 一字千□□水车薪；
9. 来日方□□然无恙； 10. 人定胜□□重心长；
11. 青胜于□□语花香； 12. 原原本□□月桑时；
13. 掩耳盗□□己成舟； 14. 因小见□□口铄金；
15. 声西击□□辕北辙； 16. 一字千□□凰来仪；
17. 人寿年□□月桑时； 18. 姹紫嫣□□开得胜；
19. 础润知□□语莺声； 20. 因祸得□□立独行；
21. 四平八□□官贵人； 22. 富丽堂□□冕堂皇；
23. 举一反□□罗棋布。 24. 嘻嘻哈□□黄腾达；
25. 万事大□□在千秋； 26. 满面春□□采奕奕；
27. 迎刃而□□虎归山； 28. 冠冕堂□□山戴粒；
29. 引以自□□不自禁； 30. 如获至□□工枚速。

♥♥♥ 答案链接 ♥♥♥→►

1. 文房四 宝马 到成功；   2. 青出于 蓝鸟 能择木；

3. 一念通 天龙 腾虎跃；   4. 半青半 黄海 阔天空；

5. 发扬光 大发 愤图强；   6. 一知半 解放 任自流；

7. 不足为 奇瑞 气祥云；   8. 一字千 金杯 水车薪；

9. 来日方 长安 然无恙； 10. 人定胜 天语 重心长

11. 青胜于 蓝鸟 语花香； 12. 原原本 本田 月桑时

13. 掩耳盗 铃木 已成舟； 14. 因小见 大众 口铄金

15. 声西击 东南 辕北辙； 16. 一字千 金凤 凰来仪

17. 人寿年 丰田 月桑时； 18. 姹紫嫣 红旗 开得胜

19. 础润知 雨燕 语莺声； 20. 因祸得 福特 立独行；

21. 四平八 稳达 官贵人； 22. 富丽堂 皇冠 冕堂皇

23. 举一反 三星 罗棋布。 24. 嘻嘻哈哈 飞 黄腾达

25. 万事大 吉利 在千秋； 26. 满面春 风神 采奕奕

27. 迎刃而 解放 虎归山； 28. 冠冕堂 皇冠 山戴粒

29. 引以自 豪情 不自禁； 30. 如获至 宝马 工枚速。

📖📖📖 6月19日 🐾🐾🐾

170 ☺☺☺组拼成语 [有心人] ☺☺☺.

俗语云："世上无难事，只怕有心人"。请分别用下列的字开头，各写出12条4字成语，争做成语生活游戏大世界的 [有心人]，开心快乐成语游戏一定会力挺您，让您成为轻松驾驭成语的高手健将！OK！加油吧！

1. 有；2. 心；3. 人。

♥♥♥ 答案链接 ♥♥♥→▶

1. 有——有备无患, 有的放矢, 有名无实, 有机可乘, 有求必应, 有恃无恐, 有始有终, 有目共睹, 有眼无珠, 有勇无谋, 有条不紊, 有声有色。

2. 心——心甘情愿, 心无二用, 心直口快, 心有余悸, 心领神会, 心满意足, 心血来潮, 心明眼亮, 心安理得, 心花怒放, 心不在焉, 心潮澎湃。

3. 人——人中骐骥, 人众胜天, 人手一册, 人尽其才, 人心向背, 人文荟萃, 人事代谢, 人人有分, 人寿年丰, 人山人海, 人才辈出, 人之常情。

📖📖📖 6 月 20 日 ☞☞☞

171 ☺☺☺AABC 式及 ABCC 式叠字成语填空谜·☺☺☺

下面分别是 AABC 句式和 AABC 句式叠字成语, 请您在下列成语空白括号处填入 AABC 式和 AABC 式叠字词语。

1. （ ）（ ）君子; 　2. （ ）（ ）无为; 　3. （ ）（ ）了事;

4. （ ）（ ）不安; 　5. （ ）（ ）有余; 　6. （ ）（ ）不绝;

7. （ ）（ ）向荣; 　8. （ ）（ ）一息; 　9. （ ）（ ）有词;

10. （ ）（ ）玉立; 11. （ ）（ ）含情; 12. （ ）（ ）相关;

13. （ ）（ ）不乐; 14. （ ）（ ）不断; 15. （ ）（ ）在目;

16. （ ）（ ）得意; 17. （ ）（ ）众生; 18. （ ）（ ）而谈;

19. （ ）（ ）流水; 20. （ ）（ ）细雨; 21. （ ）（ ）大方;

22. （ ）（ ）不忘; 23. （ ）（ ）寡欢; 24. （ ）（ ）大观;

25. （ ）（ ）皆知; 26. （ ）（ ）私议; 27. （ ）（ ）直跳;

28. （ ）（ ）闪光; 29. （ ）（ ）作响; 30. （ ）（ ）怪事;

31. （ ）（ ）不休; 32. （ ）（ ）有味; 33. （ ）（ ）不舍;

34. （ ）（ ）有条; 35. （ ）（ ）相因; 36. （ ）（ ）无能;

37. （ ）（ ）相印；38. （ ）（ ）独造；39. （ ）（ ）皆是；

40. （ ）（ ）升起；41. （ ）（ ）相护；42. （ ）（ ）欲坠；

43. （ ）（ ）不入；44. （ ）（ ）待哺；45. （ ）（ ）逼人；

46. （ ）（ ）胜利；47. （ ）（ ）诸公；48. 吉祥（ ）（ ）；

49. 兴致（ ）（ ）；50. 虎视（ ）（ ）；51. 水波（ ）（ ）；

52. 磨刀（ ）（ ）；53. 罪恶（ ）（ ）；54. 庸中（ ）（ ）；

55. 大雪（ ）（ ）；56. 信誓（ ）（ ）；57. 人心（ ）（ ）；

58. 林木（ ）（ ）；59. 春风（ ）（ ）；60. 饥肠（ ）（ ）。

♥♥♥ 答案链接 ♥♥♥→▶

1. 谦谦；2. 碌碌；3. 草草；4. 惴惴；5. 绰绰；6. 滔滔；

7. 欣欣；8. 奄奄；9. 振振；10. 亭亭；11. 脉脉；12. 息息；

13. 闷闷；14. 源源；15. 历历；16. 扬扬；17. 芸芸；18. 侃侃；

19. 潺潺；20. 毛毛；21. 落落；22. 念念；23. 郁郁；24. 洋洋；

25. 人人；26. 窃窃；27. 忏忏；28. 熠熠；29. 嗡嗡；30. 咄咄；

31. 喋喋；32. 津津；33. 依依；34. 井井；35. 陈陈；36. 粥粥；

37. 心心；38. 夐夐；39. 比比；40. 冉冉；41. 官官；42. 摇摇；

43. 格格；44. 嗷嗷；45. 咄咄；46. 节节；47. 衮衮；48. 止止；

49. 勃勃；50. 眈眈；51. 鄰鄰；52. 霍霍；53. 累累；54. 佼佼；

55. 纷纷；56. 旦旦；57. 惶惶；58. 森森；59. 习习；60. 辘辘。

📖📖📖 6 月 21 日 ☞☞☞

172 ☺☺☺ 成语谚语哥俩好 ☺☺☺.

　　谚语和成语如兄如弟，两者都是生动精练的熟语，都是固定词组。成语带有书面语特色，谚语根植于口语，更偏重于日常生活，有不少成语也源自于谚语，有时同一种意思，既可以用成语表达，也可以用谚语来表达，成语谚语这哥俩好得似孪生兄弟。请您帮帮下列成语 DD(弟弟)分别找一个意思恰好相同或相近的谚语 GG(哥哥)吧!

1.一曝十寒;   2.泾渭分明;   3.见异思迁;   4.饮水思源;

5.众擎易举;   6.自作自受(自食恶果);   7.张冠李戴;

8.行之有效;   9.坚定不移; 10.一丘之貉; 11.众口难调;

12.言行一致; 13.听天由命; 14.一言为定; 15.事在人为;

16.得过且过; 17.雁过拔毛; 18.看风使舵; 19.众口铄金;

20.先发制人; 21.卸磨杀驴(忘恩负义,过河拆桥);

22.孤掌难鸣; 23.各个击破; 24.声应气求; 25.金玉良言;

26.一刻千金; 27.挂一漏万; 28.万众一心; 29.众志成城;

30.集苑集枯; 31.见微知著; 32.人生在勤; 33.入不敷出;

34.见仁见智; 35.充耳不闻; 36.蜀中无大将,廖化当先锋;

37.各执一词; 38.对牛弹琴; 39.口蜜腹剑; 40.莫须有;

41.得陇望蜀; 42.坐收渔利; 43.敷衍塞责(就事论事);

44.三纸无驴(博士买驴); 45.铁证如山。

♥♥♥ 答案链接 ♥♥♥➜▶

1.三天打鱼,两日晒网;2.井水不犯河水;3.这山望着那山高;4.喝水不忘挖井人;5.众人拾柴火焰高;6.搬起石头砸自己的脚;7.张公帽子李公戴;8.饭后百步走,活到九十九;9.行不更名,坐不改姓;10.天下乌鸦一般黑;11.一手难调百口味,一人难称百人意;12.言必信,行必果;13.万事不由人计较,一生都是命安排;14.一言既出,驷马难追;15.谋事在人,成事在天;16.做一天和尚,撞一天钟;17.经一道手,剥一层皮;18.见人说人话,见鬼说鬼话;19.一人传虚,万人传实;20.先下手为强,后下手遭殃;21.卸了磨杀驴吃,卸了磨挨磨棍;22.一个巴掌拍不响(一个巴掌不响、一只手拍不响);23.一把钥匙开一把锁;24.同声相应,同气相求(兵对兵,将对将);25.良言一句值千金;26.季节不等人,一刻值千金;27.一叶障目,不见泰山;28.人多办法多，蚂蚁能把泰山拖（众人一条心，黄土变成金；众心成城，众口铄金）；29. 做事不依众，累死也无功；30. 人往高处走，水往低处流；31. 月晕而风，础润而雨；32. 吃得苦中苦，方为人上人（遍地是黄金，还得身子勤）；33. 寅年吃了卯年粮；34. 仁者见仁，智者见智；35. 左耳朵进，右耳朵出；36. 山中无老虎，猴子成大王；37. 公说公有理，婆说婆有理；38. 对马牛而诵经；39. 口里喊哥哥，背后摸家伙；40. 宁可信其有，不可信其无；41. 吃着碗里，望着锅里；42. 鹬蚌相争，渔翁得利；43. 头痛医头，脚痛医脚；44. 下笔千言，离题万里；45. 白纸写黑字。

📖📖📖 6 月 22 日 🐾🐾🐾

173 ☺☺☺ 填"□□如×"句式成语 ☺☺☺.

下面都是"□□如×"句式 4 字成语，请您把每条成语的前面两个字填写在相应的空方格里，组成 45 条"□□如×"句式成语。

□□如鼠，□□如狼，□□如火，□□如瓶，□□如注，□□如山，
□□如生，□□如梭，□□如毛，□□如山，□□如归，□□如仇，
□□如雨，□□如流，□□如一，□□如年，□□如寄，□□如烟，
□□如焚，□□如缕，□□如神，□□如夷，□□如秤，□□如睹，
□□如云，□□如流，□□如流，□□如深，□□如雨，□□如绿，
□□如土，□□如神，□□如水，□□如洗，□□如市，□□如宾，
□□如田，□□如雷，□□如兹，□□如新，□□如伤，□□如命，
□□如醒，□□如铁，□□如城。

♥♥♥ 答案链接 ♥♥♥→▶

胆小如鼠，似虎如狼，心急如火，守口如瓶，血流如注，铁案如山，
栩栩如生，日月如梭，德锚如毛，气涌如山，宾至如归，嫉恶如仇，
一别如雨，从善如流，表里如一，度日如年，人生如寄，往事如烟，

五内如焚,	不绝如缕,	用兵如神,	履险如夷,	我心如秤,	观者如睹,
冠盖如云,	岁月如流,	对答如流,	讳莫如深,	挥汗如雨,	视丹如绿,
挥金如土,	料事如神,	臣心如水,	一贫如洗,	臣门如市,	相敬如宾,
面方如田,	鼻息如雷,	振古如兹,	白头如新,	视民如伤,	爱财如命,
忧心如酲,	吾膝如铁,	防意如城。			

📖📖📖 6月23日 🐌🐌🐌

[174] ☺☺☺ 趣填成语"＋－×÷"算式 ☺☺☺.

请在下面成语算式的空方格里分别填入适当的数字，使每一条成语算式都可以成立。

1. □面威风 + □帆风顺 = □牛一毛;

2. □霄云外 + □技之长 = □年读书;

3. □面楚歌 + □鼓作气 = □花八门;

4. □方杂处 + □窍不通 = □神无主;

5. □亲不认 + □字之师 = □手八脚;

6. □上八下 + □姓之好 = □颜六色;

7. □风五雨 − □朝元老 = □零八落;

8. □室□空 − □位□体 = □手□脚;

9. □羊□牧 − 一心□意 = □擒□纵;

10. □发□中 − □死□活 = □心□意;

11. □姓之好 × □元及第 = □朝金粉;

12. □更半夜 × □旨相公 = □死一生;

13. □位□体 × □满□平 = □街□市;

14. □风□雨 × □差□错 = □全□美;

15. □峰□浴 × □波□折 = □教□流;

16. □教□流 ÷ □国□公 = □位□体;

17. □年窗下 ÷ □满三平 = □大三粗;

18. □死一生 ÷ □日新妇 = □位一体；

19. □年九潦 ÷ □分明月 = □颜六色；

20. □言□鼎 ÷ □隔□反 = □夕□迁。

♥♥♥ 答案链接 ♥♥♥➜▶

1. 八面威风 + 一帆风顺 = 九牛一毛；

2. 九霄云外 + 一技之长 = 十年读书；

3. 四面楚歌 + 一鼓作气 = 五花八门；

4. 五方杂处 + 一窍不通 = 六神无主；

5. 六亲不认 + 一字之师 = 七手八脚；

6. 七上八下 − 二姓之好 = 五颜六色；

7. 十风五雨 − 三朝元老 = 七零八落；

8. 十室九空 − 三位一体 = 七手八脚；

9. 十羊九牧 − 三心二意 = 七擒七纵；

10. 十发十中 − 七死八活 = 三心二意；

11. 二姓之好 × 三元及第 = 六朝金粉；

12. 三更半夜 × 三旨相公 = 九死一生；

13. 三位一体 × 二满三平 = 六街三市；

14. 十风五雨 × 一差二错 = 十全十美；

15. 三衅三浴 × 一波三折 = 三教九流；

16. 三教九流 ÷ 一国三公 = 三位一体；

17. 十年窗下 ÷ 二满三平 = 五大三粗；

18. 九死一生 ÷ 三日新妇 = 三点一线；

19. 十年九潦 ÷ 二分明月 = 五颜六色；

20. 一言九鼎 ÷ 一隔三反 = 一夕三迁。

📖📖📖 6月24日 ☞☞☞

175 ☺☺☺ 趣填成语组地名成语（二）☺☺☺.

下面每一组成语中都带有一个地名，或是某国家地名，或是某国家某省份地名（行政区划），或是某国家某大城市的地名，或是某国家某中小城市的地名。请您在下面每一组成语空格内填上适当的字，使每组成语每一横行都成为一条带有某地名的成语。

1. 水火之□□泰民安；　2. 心心相□□日如年；
3. 价廉物□□色天香；　4. 云开见□□来面目；
5. 发扬光□□吊不行；　6. 坐井观□□津乐道；
7. 万事大□□林总总；　8. 文房四□□飞蛋打；
9. 寿比南□□山再起；　10. 人定胜□□津乐道；
11. 人才济□□腔北调；　12. 掌上明□□市蜃楼；
13. 重于泰□□扶西倒；　14. 人山人□□辕北辙；
15. 同舟共□□征北战；　16. 五湖四□□碑载道；
17. 荣华富□□春有脚；　18. 风卷残□□柯一梦；
19. 来日方□□华秋实；　20. 万古长□□市蜃楼；
21. 重见天□□末倒置；　22. 源远流□□家落户；
23. 鸡犬升□□津有味；　24. 夜以继□□山取土；
25. 云开见□□地风光；　26. 急中生□□析秋毫；
27. 文无定□□富民强；　28. 三从四□□色天香；
29. 祥麟威□□九之会；　30. 张三李□□步青云。

♥♥♥ 答案链接 ♥♥♥→▶

1. 水火之 中国 泰民安；2. 心心相 印度 日如年；3. 价廉物 美国 色天香；4. 云开见 日本 来面目；5. 发扬光 大庆 吊不行；6. 坐井观 天津 津乐道；7. 万事大 吉林 林总总；8. 文房四 宝鸡 飞蛋打；9. 寿比南 山东 山再起；10. 人定胜 天津 津乐道；11. 人才济 济南 腔北调；

12. 掌上明 珠海 市蜃楼；13. 重于泰 山东 扶西倒；14. 人山人 海南 辕北辙；15. 同舟共 济南 征北战；16. 五湖四 海口 碑载道；17. 荣华富 贵阳 春有脚；18. 风卷残 云南 柯一梦；19. 来日方 长春 华秋实；20. 万古长 青海 市蜃楼；21. 重见天 日本 末倒置；22. 源远流 长安 家落户；23. 鸡犬升 天津 津有味；24. 夜以继 日本 山取土；25. 云开见 日本 地风光；26. 急中生 智利 析秋毫；27. 文无定 法国 富民强；28. 三从四 德国 色天香；29. 祥麟威 凤阳 九之会；30. 张三李 四平 步青云。

📖📖📖 6月25日 ☞☞☞

176 ☺☺☺ 拼字组成语 ☺☺☺

请您用下图中第一、三横行方格里的 20 个数字和第二、四横行方格里的 20 个汉字，分别组拼成 10 条 4 字成语。（温馨提示：要求每个字只能用一次，且每个方格内外不得有多余字）。

一	二	三	四	五	六	七	八	九	十
湖	心	上	羊	姑	无	牧	婆	海	下

一	二	三	四	五	六	七	八	九	十
分	嘴	为	空	街	室	海	洲	市	舌

♥♥♥ 答案链接 ♥♥♥→▶

一心无二，三姑六婆，五湖四海，七上八下，十羊九牧，一分为二，五洲四海，六街三市，七嘴八舌，十室九空。

📖📖📖 **6月26日** ☞☞☞

177 ☺☺☺ **智填趣味"不"字成语（一）**☺☺☺.

请您在下列空方格内填入适当的字,使之分别组成"不"字成语。

1. 要言不□； 2. 说一不□； 3. 美中不□； 4. 始终不□；
5. 临危不□； 6. 畏缩不□； 7. 秘而不□； 8. 既往不□；
9. 按兵不□； 10. 举棋不□； 11. 诲人不□； 12. 屡教不□；
13. 狼狈不□； 14. 恪守不□； 15. 格格不□； 16. 原封不□；
17. 惴惴不□； 18. 停滞不□； 19. 络绎不□； 20. 措手不□；
21. 常备不□； 22. 永垂不□； 23. 屡见不□； 24. 桀骜不□；
25. 麻木不□； 26. 喋喋不□； 27. 踟蹰不□； 28. 锲而不□；
29. 欲罢不□； 30. 充耳不□； 31. 战无不□； 32. 阴魂不□；
33. 好景不□； 34. 攻其不□； 35. 求之不□； 36. 严惩不□；
37. 攻无不□； 38. 来之不□； 39. 打抱不□； 40. 出言不□；
41. 引而不□； 42. 来者不□； 43. 水泄不□； 44. 宁死不□；
45. 叫苦不□； 46. 百思不□； 47. 四体不□； 48. 五谷不□；
49. 有条不□； 50. 出其不□； 51. 过犹不□； 52. 源源不□；
53. 在所不□； 54. 百读不□； 55. 局促不□； 56. 放荡不□；
57. 自言不□； 58. 青黄不□； 59. 招架不□； 60. 忠贞不□；
61. 视而不□； 62. 听而不□； 63. 述而不□； 64. 岿然不□；
65. 依依不□； 66. 威武不□； 67. 泾渭不□； 68. 迥然不□；
69. 怪诞不□； 70. 学而不□； 71. 不三不□。

♥♥♥ **答案链接** ♥♥♥→▶

1. 烦；2. 二；3. 足；4. 渝；5. 惧；6. 前；7. 宣；8. 咎；9. 动；
10. 定；11. 倦；12. 改；13. 堪；14. 渝；15. 入；16. 动；17. 安；
18. 前；19. 绝；20. 及；21. 懈；22. 朽；23. 鲜；24. 驯；25. 仁；
26. 休；27. 前；28. 舍；29. 能；30. 闻；31. 胜；32. 散；33. 长；

34. 备；35. 得；36. 贷；37. 克；38. 易；39. 平；40. 逊；41. 发；
42. 善；43. 通；44. 屈；45. 迭；46. 解；47. 勤；48. 分；49. 絮；
50. 意；51. 及；52. 断；53. 惜；54. 厌；55. 安；56. 羁；57. 讳；
58. 接；59. 住；60. 渝；61. 见；62. 闻；63. 作；64. 动；65. 舍；
66. 屈；67. 分；68. 同；69. 经；70. 厌；71. 四。

📖📖📖📖 6月27日 ✒✒✒

178 ☺☺☺ "不"字成语圆桌会议 ☺☺☺

右面圆桌会议圆桌上有20
个"不"字环绕着圆桌中心一个
大大的"不"字，请您在空格里
填入适当的字，组成以圆桌中心
的大"不"字为首字，再辅以空
格里所填入的字一起合成20条
ABAC式成语，并且使每条成语
都是间隔含有"不"字的4字成语，
如：不知不觉。

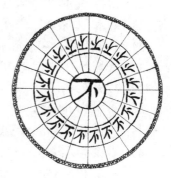

♥♥♥ 答案链接 ♥♥♥→▶

不存不济，不今不古，不死不活，不声不响，不文不武，
不郎不秀，不矜不伐，不偏不党，不丰不杀，不亢不卑，
不稼不穑，不忮不求，不愧不怍，不蔓不枝，不瞅不睬，
不日不月，不塞不流，不止不行，不稂不莠，不屈不挠。

📖📖📖 6月28日 🍃🍃🍃

179 ☺☺☺ 成语趣味课程表 ☺☺☺.

请在下列空方格内填入适当的字，使每一条都组成含有我们各级学校（学院）课程名称的4字成语。

1. 千言万□□以载道； 　 2. 不计其□□以致用；

3. 屈指可□□富五车； 　 4. 开天辟□□屈词穷；

5. 探囊取□□所当然； 　 6. 潜移默□□富五车；

7. 攻城略□□屈词穷； 　 8. 战天斗□□直气壮；

9. 放虎自□□机勃勃； 　 10. 鲁卫之□□国安民；

11. 风言风□□质彬彬； 　 12. 恳赐郢□□丝益梦；

13. 同年而□□从字顺； 　 14. 同日而□□房四宝；

15. 鱼龙变□□而不厌； 　 16. 药笼中□□直气壮；

17. 斯文扫□□屈词穷； 　 18. 发策决□□以致用；

19. 情文相□□以类聚； 　 20. 巧同造□□步邯郸；

21. 情急智□□伤其类； 　 22. 相去无□□去何从；

23. 靡靡之□□不可支； 　 24. 作奸犯□□无止境；

25. 别有天□□直气壮； 　 26. 果于自□□交绝游；

27. 意在言□□重心长； 　 28. 铁券丹□□不责众；

29. 天子门□□华天宝； 　 30. 垂帘听□□病救人；

31. 烽火连□□以载道； 　 32. 既明且□□贯中西；

33. 一本正□□济一堂； 　 34. 妙趣横□□美价廉；

35. 天不作□回天乏□； 　 36. 仁民爱□言之成□；

37. 凤毛济□不学无□； 　 38. 掠人之□回天乏□；

39. 神机妙□仁心仁□； 　 40. 栩栩如□厚德载□；

41. 长袖善□手舞足□； 　 42. 深□不疑息□相关；

43. 铸鼎象□忍心害□； 　 44. 身强□壮教书□人；

45. □断乡曲仁心仁□； 　 46. 人情□□言之成理；

47. □历在目□无前例； 　 48. 含□咀华燕□莺声；

49. 无□无天严以□己；50. □妙天下□鸟之梦；

51. 贫下中□开□取士；52. 画影□形指手□脚；

53. □威作福□以载道；54. 心□日拙无□于衷；

55. □力更生□以为常；56. □核名实□二为一。

♥♥♥ 答案链接 ♥♥♥➔►

1. 千言万**语文**以载道；　2. 不计其**数学**以致用；

3. 屈指可**数学**富五车；　4. 开天辟**地理**屈词穷；

5. 探囊取**物理**所当然；　6. 潜移默**化学**富五车；

7. 攻城略**地理**屈词穷；　8. 战天斗**地理**直气壮；

9. 放虎自**卫生**机勃勃；　10. 鲁卫之**政治**国安民；

11. 风言风**语文**质彬彬；　12. 恳赐郢**政治**丝益梦；

13. 同年而**语文**从字顺；　14. 同日而**语文**房四宝；

15. 鱼龙变**化学**而不厌；　16. 药笼中**物理**直气壮；

17. 斯文扫**地理**屈词穷；　18. 发策决**科学**以致用；

19. 情文相**生物**以类聚；　20. 巧同造**化学**步邯郸；

21. 情急智**生物**伤其类；　22. 相去无**几何**去何从；

23. 靡靡之**音乐**不可支；　24. 作奸犯**科学**无止境；

25. 别有天**地理**直气壮；　26. 果于自**信息**交绝游；

27. 意在言**外语**重心长；　28. 铁券丹**书法**不责众；

29. 天子门**生物**华天宝；　30. 垂帘听**政治**病救人；

31. 烽火连**天文**以载道；　32. 既明且**哲学**贯中西；

33. 一本正**经济**济一堂；　34. 妙趣横**生物**美价廉；

35. 天不作**美**回天乏术；　36. 仁民爱**物**言之成理；

37. 凤毛济**美**不学无术；　38. 掠人之**美**回天乏术；

39. 神机妙**算**仁心仁术；　40. 栩栩如**生**厚德载物；

41. 长袖善**舞**手舞足蹈；　42. 深信不疑**息息**相关；

43. 铸鼎象**物**忍心害理；　44. 身强**体**壮教书**育**人；

45. **武**断乡曲仁心仁术；　46. 人情**物理**言之成理；

47. 历历在目史无前例；   48. 含英咀华燕语莺声；

49. 无法无天严以律己；   50. 语妙天下文鸟之梦；

51. 贫下中农开科取士；   52. 画影图形指手画脚；

53. 作威作福文以载道；   54. 心劳日拙无动于衷；

55. 自力更生习以为常；   56. 综核名实合二为一。

📖📖📖 6月29日 ✐✐✐

📖180 ☺☺☺ 趣玩火柴棒，4 "王" 变成语 ☺☺☺.

　　人们玩火柴棒游戏有很多窍门，只要大胆尝试，一定会从中获得无穷的乐趣。下图中4个 "王" 字分为两个小 "王" 字和两个大 "王" 字，两个大 "王" 字均是由6根火柴棒摆成的，两个小 "王" 字均是用4根火柴棒摆成的，请您移动其中两根火柴棒，能变成一条4字成语。您会移动吗？这条成语又是什么意思呢？ ✐➘

♥♥♥ 答案链接 ♥♥♥➔▸

　　分别将前面两个小 "王" 字的中间一根竖立的火柴棒，分别移到竖放在后面两个大 "王" 字字内的右下侧。则变成 "三三五五" 4字成语。"三三五五" 这条成语即是与成语 "三五成群" 同义，是指几个人聚在一起的意思，或三个一帮，或五个一组。此条成语语出唐•李白《采莲曲》诗："岸上谁家游冶郎，三三五五映垂柳。"

📖📖📖 6月30日 🖐🖐🖐

181 ☺☺☺ 象棋成语谜（一）☺☺☺.

象棋成语谜是采用中国象棋棋局阵势图做谜面而猜射谜底的一种特殊文义谜，猜射者根据棋盘的排局、红棋子和黑棋子的颜色、棋子的十个汉字（帅、将、仕、相、象、车、马、炮、兵、卒）布局、各棋子的数目及其棋子的着法、棋盘与棋子的互相配合特点来猜射谜底，独树一帜，标新立异，别具趣味，韵味无穷。下面是 4 则象棋成语谜，请分别猜射出相应的 4 字成语，并分别解析说明其猜射过程。↘

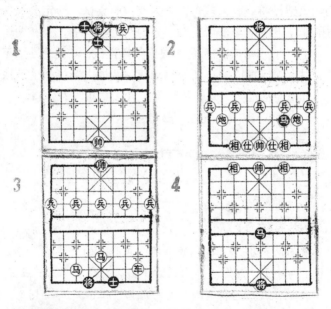

♥♥♥ **答案链接** ♥♥♥→▶

1. 自投罗网；孤家寡人。**解析：** 红方棋子"士"被禁动，只有老"将"可移动，送到黑方棋子"兵"前自然被吃掉，故曰"自投罗网"。但黑方只有一个棋子"帅"在孤守老巢，孤立无助，故曰"孤家寡人"。

　　2. 按兵不动。解析：黑方棋子五个"兵"原封不动，五个"兵"不缺少一个棋子，故曰"按兵不动"。

　　3. 按兵不动。解析：红方五个"兵"棋子原地不动，五个"兵"不缺少一个棋子，故曰"按兵不动"。

　　4. 一马当先；孤军作战；匹马单枪。解析：黑方棋子只有一个"马"在楚河汉界，英勇冲锋在前，孤立无援，单独作战，故曰"一马当先"、"孤军作战"、"匹马单枪"。

金盾版图书，科学实用，
通俗易懂，物美价廉，欢迎选购

青少年喜爱的唐诗		商务谈判艺术	23.00 元
一百首赏读	30.00 元	中小企业成功之道	21.00 元
让孩子受益一生的忠孝		中小企业成功经营十三讲	17.00 元
礼廉故事	30.00 元	中小企业面对的十个选择	26.00 元
让你一生受益的名人		中小企业主必备的文化素养	23.00 元
智慧与幽默	12.00 元	中小企业员工培训游戏	18.00 元
伴随孩子成长的人生		企业赢在预见	23.00 元
哲理寓言	16.00 元	成功企业的密码	30.00 元
世界著名科学家传略	32.00 元	服务型企业制胜法则	25.00 元
诗经·让你终生受益的经典	24.00 元	家族型企业制胜法则	22.00 元
朱子家训解析	16.00 元	新员工上岗前的 10 堂必修课	18.00 元
青少年自我保护实用		纵横职场必备的 10 大素质	13.00 元
知识 100 问	16.00 元	管人管事十大谋略	23.00 元
聪明女人零伤害秘笈	11.00 元	怎样当好社区领导	29.00 元
怎样给人留下好印象	14.00 元	行业竞争九大制胜法宝	16.00 元
年轻人应知的处世常识	18.00 元	故事中的经济学	18.00 元
透视对手·他山之石可攻玉	19.00 元	员工执行力与企业成败	15.00 元
红色经典格言	14.00 元	怎样做个优秀员工	14.00 元
革命英模人物故事绘画		怎样当好人力资源主管	37.00 元
丛书·雷锋	10.00 元	优秀员工职业操守指导手册	23.00 元
这样活着更快乐	19.00 元	职场成功直通车	18.00 元
心灵可以重建	20.00 元	职场人应学的潜伏技巧	22.00 元
实用珠算入门(修订版)	18.00 元	大学生就业指南	17.00 元
企业会计工作手册	25.00 元	职场冲突化解之道	18.00 元
最新会计科目应用手册	60.00 元	网络营销与成功案例	16.00 元
中小企业会计账务实例解读	32.00 元	怎样经营汽车维修店	18.00 元
中小企业会计实务	50.00 元	怎样经营好小本生意	12.00 元
高新技术企业会计实务	49.00 元	怎样当好营销经理	46.00 元
新股民入门必读	13.00 元	酒店实用管理	26.00 元

以上图书由全国各地新华书店经销。凡向本社邮购图书或音像制品,可通过邮局汇款,在汇单"附言"栏填写所购书目,邮购图书均可享受 9 折优惠。购书 30 元(按打折后实款计算)以上的免收邮挂费,购书不足 30 元的按邮局资费标准收取 3 元挂号费,邮寄费由我社承担。邮购地址:北京市丰台区晓月中路 29 号,邮政编码:100072,联系人:金友,电话:(010)83210681、83210682、83219215、83219217(传真)。